もくじ

5年の漢字

1 四年生のおさらい (1)

月　日
目標時間 15分
名前
合格80点
/100点

1 漢字の読みがなを書きなさい。 36点(一つ4)

① 市街（　）の大通り。
② 投票（　）をしに行く。
③ 不器用（　）な手つき。
④ ノートに記録（　）する。
⑤ 料理（　）を習う。
⑥ 入り口の表札（　）。
⑦ 何度も試（　）みる。
⑧ 冷（　）めたお茶。
⑨ 欠点を改（　）める。

2 あてはまる漢字を書きなさい。 64点(一つ8)

① 日本の［みんわ］。
② ［しかい］をたのむ。
③ 十の［くらい］。
④ 季節が［か］わる。
⑤ 色を［くべつ］する。
⑥ クッキーを［や］く。
⑦ 失敗は［せいこう］のもと。
⑧ 国を［おさ］める。

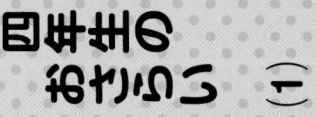

きほんのドリル

2 四年生のおさらい (2)

名前

月　日

目標時間 15分

合格80点

/100点

1 漢字の読みがなを書きなさい。 36点(一つ4)

① 給湯（　　）システム。

② 手間を 省（　　）く。

③ 景色（　　）のよい場所。

④ 主人が 家臣（　　）をよぶ。

⑤ 待望（　　）の夏休み。

⑥ 自然（　　）とふれあう。

⑦ 自治（　　）会の会合。

⑧ 老（　　）いた犬。

⑨ 底が 浅（　　）い。

2 あてはまる漢字を書きなさい。 64点(一つ8)

① □□（きかい）が動き出す。

② □（かなら）ず出席します。

③ 角を □□（うせつ）する。

④ □□（しんごう）が変わる。

⑤ □□（もくてき）をもつ。

⑥ 金具で □□（こてい）する。

⑦ 体力を使い □（は）たす。

⑧ 気を □（うしな）う。

四年生のおさらい (3)

名前　月　日　目標時間 15分　合格80点　/100点

1 漢字の読みがなを書きなさい。　36点(一つ4)

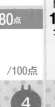

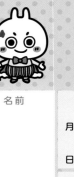

① 旗手（　）をつとめる。
② お宮へ参（　）る。
③ みつばちの巣箱（　）。
④ 約束（　）を守る。
⑤ 英語（　）で話す。
⑥ 目方を量（　）る。
⑦ 辞典（　）で調べる。
⑧ 付近（　）を通る。
⑨ 全員の挙手（　）。

2 あてはまる漢字を書きなさい。　64点(一つ8)

① □(さか)えてきた都市。
② 太い□□(けっかん)。
③ □□(がんぼう)がかなう。
④ 植物の□□(ようぶん)。
⑤ □□(かねつ)して食べる。
⑥ 決勝で□(たたか)う。
⑦ 家を□(た)てる。
⑧ □□(じゅんばん)にならぶ。

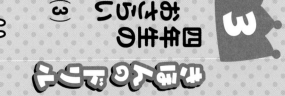

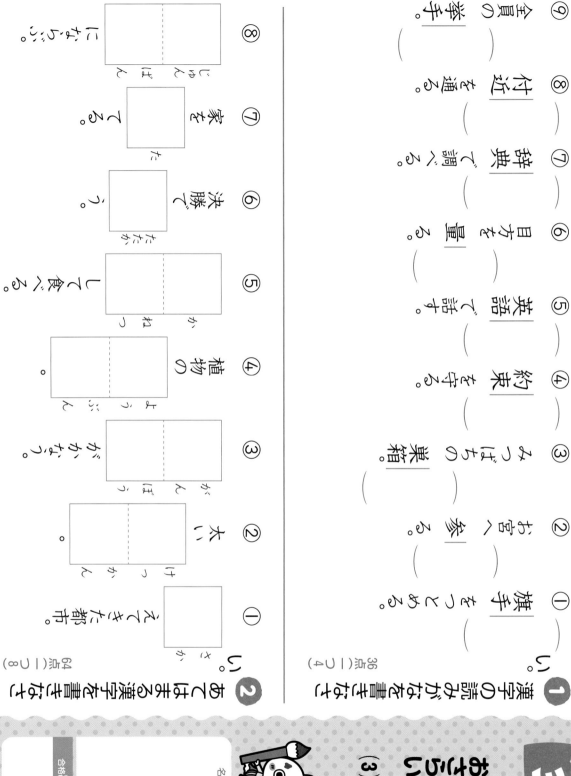

4 3画・4画 久・士・支・比・仏

きほんのドリル

名前　　月　日　目標時間15分　合格80点　/100点

書いて覚えよう！（（　）の読みは、小学校では習いません。）

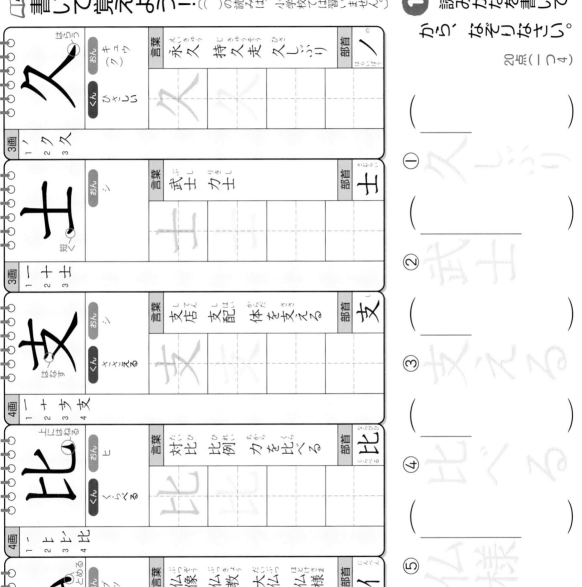

久（3画）1ノ 2ク 3久 ／はらう
- おん：キュウ（ク）
- くん：ひさしい
- 言葉：永久（えいきゅう）　持久走（じきゅうそう）　久しぶり（ひさしぶり）
- 部首：ノ（の・はらいぼう）

士（3画）1一 2十 3士 ／短く
- おん：シ
- 言葉：武士（ぶし）　力士（りきし）
- 部首：士（さむらい）

支（4画）1一 2十 3ㄅ 4支 ／はなす
- おん：シ
- くん：ささえる
- 言葉：支店（してん）　支配（しはい）　体を支える（からだをささえる）
- 部首：支（し）

比（4画）1一 2ヒ 3ヒ 4比 ／上にはねる
- おん：ヒ
- くん：くらべる
- 言葉：対比（たいひ）　比例（ひれい）　力を比べる（ちからをくらべる）
- 部首：比（ならびひ・くらべる）

仏（4画）1ノ 2イ 3仏 4仏 ／とめる
- おん：ブツ
- くん：ほとけ
- 言葉：仏像（ぶつぞう）　仏教（ぶっきょう）　大仏（だいぶつ）　仏様（ほとけさま）
- 部首：イ（にんべん）

1 読みがなを書いてから、なぞりなさい。　20点（一つ4）

① 久しぶり（　　）

② 武士（　　）

③ 支える（　　）

④ 比べる（　　）

⑤ 仏様（　　）

2 □にあてはまる漢字を書きなさい。

80点（一つ10）

① □（ひさ）しぶりに、よい天気になった。

② 平和が永（えい）□（きゅう）に続いてほしいと思う。⇨P.7

③ □□（りきし）の土ひょう入りを見る。

④ 父は一家を□（ささ）える大黒柱だ。

⑤ 昔は、他国の□□（しはい）を受けた国も多い。

⑥ ものさしで、二つのものの長さを□（くら）べる。

⑦ 二つの図形を□□（たいひ）して考えることも必要である。

⑧ □□（ほとけさま）をおがむと、心が落ち着いた。

③「し」は一画目を長く、三画目を短く書こう。

⑦「たいひ」は、「似かよった二つのものを、つき合わせてくらべること」という意味です。

きほんのドリル

5 5画 史・圧・布・永・可

月　日　目標時間 15分

名前　合格80点　/100点

書いて覚えよう！

史（出る）
おん：シ
言葉：史実（しじつ）　日本史（にほんし）
部首：口（くち）
5画：1 丨 2 ㇕ 3 口 4 中 5 史

圧（はなす）
おん：アツ
言葉：圧力（あつりょく）　圧勝（あっしょう）　水圧（すいあつ）　電圧（でんあつ）
部首：土（つち）
5画：1 一 2 厂 3 圧 4 圧 5 圧

布（はなす）
おん：フ
くん：ぬの
言葉：毛布（もうふ）　布教（ふきょう）　分布（ぶんぷ）　布きれ（ぬの）
部首：巾（はば）
5画：1 ノ 2 ナ 3 オ 4 右 5 布

永（はねる）
おん：エイ
くん：ながい
言葉：永久（えいきゅう）　永遠（えいえん）　末永い（すえなが）幸せ（しあわ）
部首：水（みず）
5画：1 丶 2 亅 3 刁 4 永 5 永

可（はねる）
おん：カ
言葉：可決（かけつ）　許可（きょか）　可能性（かのうせい）
部首：口（くち）
5画：1 一 2 丁 3 可 4 可 5 可

1 読みがなを書いてから、なぞりなさい。

20点（一つ4）

①（　　）日本史

②（　　）水圧

③（　　）布きれ

④（　　）永い

⑤（　　）可決

2 □にあてはまる漢字を書きなさい。

① □□（しじつ）を元にした小説を書く。

② 空気の□□（あつりょく）を測（そく）定する。☞p.61

③ 運動会は赤組の□□（あっしょう）だった。

④ 父は、テレビにいつもほこりよけの□（ぬの）をかぶせる。

⑤ 自由研究で、方言の□□（ぶんぷ）を調べた。

⑥ 末□（なが）く幸せにくらす。

⑦ みんなが□（えい）久（きゅう）の平和を望んでいる。☞p.5

⑧ 外出の許（きょ）□（か）をもらうのは、大変だった。☞p.47

④「ぬの」の一画目は「ノ」だよ。「一」とまちがえないようにしよう。

⑧「許可」の「か」には「下・加・可・化・火・果・歌・価…」など、数多くの同音字があります。どの「か」を使えばいいのでしょう。

きほんのドリル 6

5画 旧・示・刊・句・犯

名前

月　日

目標時間 15分

合格80点　/100点

書いて覚えよう！

旧
5画　1 丨　2 ‖　3 门　4 旧　5 旧

とめる

おん：キュウ

言葉：旧友（きゅうゆう）　新旧（しんきゅう）　復旧（ふっきゅう）

部首：日（ひ）

示
5画　1 一　2 二　3 亍　4 亍　5 示

はねる

おん：ジ（シ）

くん：しめす

言葉：指示（しじ）　提示（ていじ）　手本（てほん）を示（しめ）す

部首：示（しめす）

刊
5画　1 一　2 二　3 干　4 刊　5 刊

はねる

おん：カン

言葉：朝刊（ちょうかん）　刊行（かんこう）　発刊（はっかん）　休刊（きゅうかん）

部首：刂（りっとう）

句
5画　1 ノ　2 勹　3 勹　4 句　5 句

つける

おん：ク

言葉：句点（くてん）　決（き）まり文句（もんく）　慣用句（かんようく）

部首：口（くち）

犯
5画　1 ノ　2 犭　3 犭　4 犭　5 犯

出る

おん：ハン

くん：（おかす）

言葉：犯人（はんにん）　犯罪（はんざい）　防犯（ぼうはん）　犯行（はんこう）

部首：犭（けものへん）

1 読みがなを書いてから、なぞりなさい。

20点（一つ4）

①旧友（　　）

②示す（　　）

③朝刊（　　）

④句点（　　）

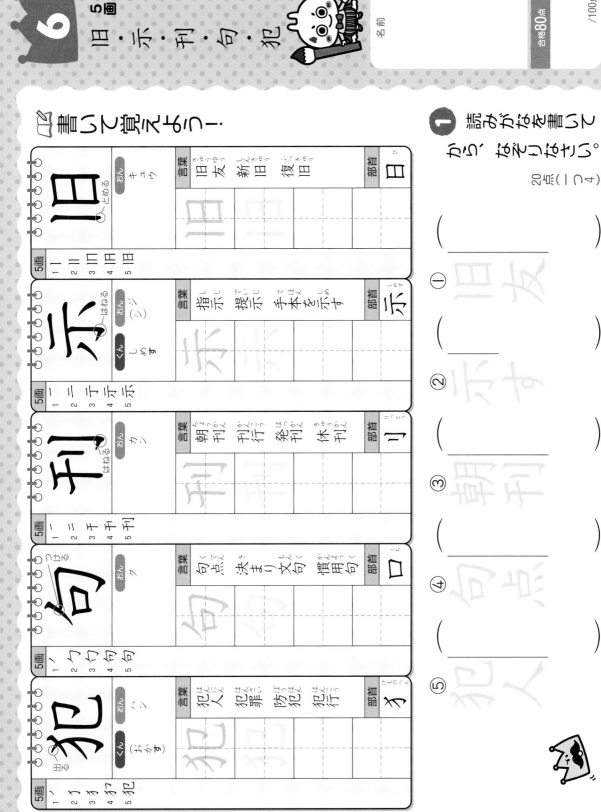

⑤犯人（　　）

80点（一つ10）

2 □にあてはまる漢字を書きなさい。

① □□（きゅうどう）を通って帰ると、混（こ）んでいなかった。 ☞p.53

② 時計のはりが十時を□（しめ）している。

③ 先生の□□（しじ）にしたがって校庭に集合する。

④ 新聞の□□（ちょうかん）をたんねんに読む。

⑤ □□（くてん）は文の切れ目につける。

⑥ 「油を売る」は慣（かん）□□（ようく）である。 ☞p.79

⑦ ついに□□（はんにん）がつかまった。

⑧ 防（ぼう）□（はん）のために毎回見回りをしている。 ☞p.21

⑥「油を売る」は、「仕事や用事のとちゅうで話しこんで、時間をむだにする」という意味です。

7 きほんのドリル

5画・6画

弁・因・仮・件・再

名前　月　日　目標時間15分　合格80点　/100点

書いて覚えよう！

弁（5画）
おん：ベン
言葉：弁当（べんとう）　弁護（べんご）　弁解（べんかい）　答弁（とうべん）
部首：廾（にじゅうあし・こまぬき）
はらう

因（6画）
おん：イン　くん：（よる）
言葉：原因（げんいん）　勝因（しょういん）　因果（いんが）
部首：囗（くにがまえ）
はらう

仮（6画）
おん：カ（ケ）　くん：かり
言葉：仮説（かせつ）　仮題（かだい）　仮のすがた（かり）
部首：亻（にんべん）
はらう

件（6画）
おん：ケン
言葉：用件（ようけん）　事件（じけん）　条件（じょうけん）
部首：亻（にんべん）
出る

再（6画）
おん：サイ　サ　くん：ふたたび
言葉：再現（さいげん）　再来週（さらいしゅう）　再び読む（ふたた・よ）
部首：冂（どうがまえ・けいがまえ）
出る

1 読みがなを書いてから、なぞりなさい。　20点（一つ4）

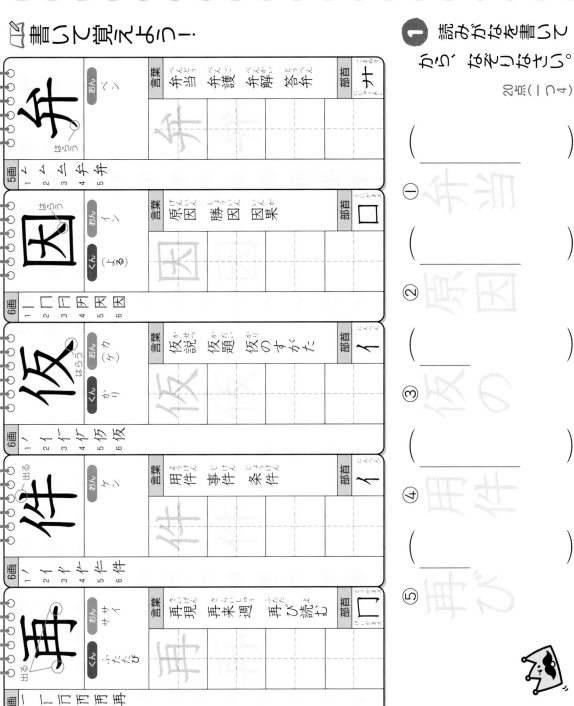

① 弁当（　　）
② 原因（　　）
③ 仮の（　　）
④ 用件（　　）
⑤ 再び（　　）

2 □にあてはまる漢字を書きなさい。

80点（一つ10）

① 駅のホームで名物の□□（べんとう）を買った。

② しょう来、□（べん）護士（ごし）になりたい。 p.93 p.5

③ 成績（せき）が下がった□□（げんいん）を考えた。 p.91

④ □（かり）の名前で新聞に投書した。

⑤ □□（かせつ）を立て直して実験してみよう。

⑥ 大事な□□（ようけん）はメモしておきなさい。

⑦ あやまちは□（ふたた）び起こしません。

⑧ □□□（さらいしゅう）の遠足を楽しみにしている。

⑦「ふたたび」の送りがなは「び」。「ふたたび」ではないので注意しよう。

④「かりの名前」の「かり」は、送りがなをつけて「□（か）り」とするとまちがいなので、注意しましょう。

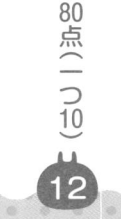

6画・7画 在・団・任・囲・告

目標時間 15分 / 名前 / 月 日 / 合格80点 / /100点

書いて覚えよう！

在（6画）
書き順：一 ナ 𠂇 た 존 在（1〜6）
つけ方注意
おん：ザイ　くん：ある
言葉：現在（げんざい）　在学（ざいがく）　健在（けんざい）　会議の在り方（かいぎのありかた）
部首：土（つち）

団（6画）
書き順：丨 冂 冂 冃 団 団（1〜6）
はねる
おん：ダン（トン）
言葉：団体行動（だんたいこうどう）　団地（だんち）　消防団（しょうぼうだん）
部首：口（くにがまえ）

任（6画）
書き順：ノ イ 仁 仟 任 任（1〜6）
つける
おん：ニン　くん：まかせる、まかす
言葉：責任（せきにん）　任務（にんむ）　人に任せる（ひとにまかせる）
部首：亻（にんべん）

囲（7画）
書き順：丨 冂 冂 冃 冄 囲 囲（1〜7）
はらう　とめる
おん：イ　くん：かこむ、かこう
言葉：周囲（しゅうい）　包囲（ほうい）　ひもで囲む（かこむ）
部首：口（くにがまえ）

告（7画）
書き順：ノ 𠂉 牛 生 生 告 告（1〜7）
長く
おん：コク　くん：つげる
言葉：告白（こくはく）　報告（ほうこく）　春を告げる（はるをつげる）
部首：口（くち）

1 読みがなを書いてから、なぞりなさい。
20点（一つ4）

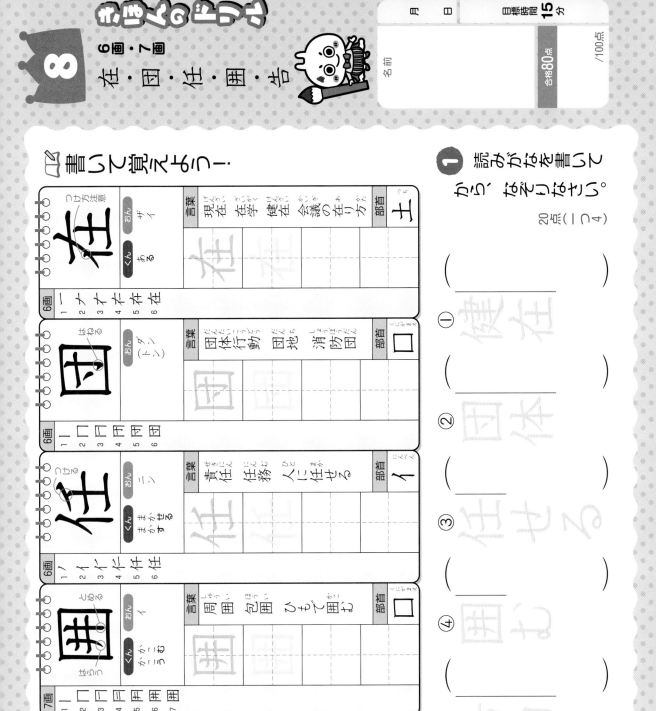

① 健在（　　　）
② 団体（　　　）
③ 任せる（　　　）
④ 囲む（　　　）
⑤ 告白（　　　）

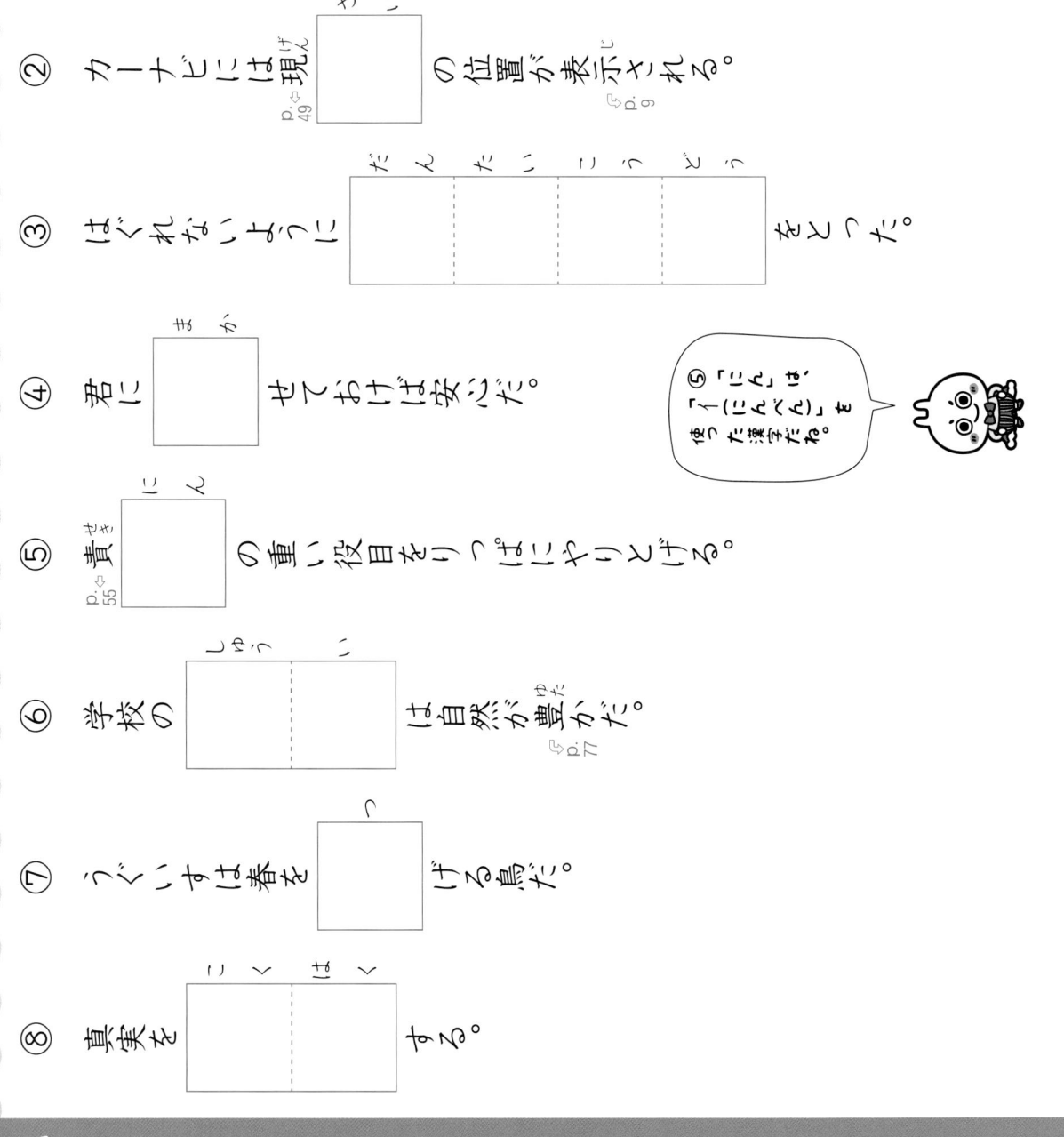

2 □にあてはまる漢字を書きなさい。

① 日本は、アジアの東に□（あ）る。

② カーナビには現（げん）□（ざい）の位置が表示（じ）される。 p.49 p.9

③ はぐれないように□□□□（だんたいこうどう）をとった。

④ 君に□（まか）せておけば安心だ。

⑤ 責（せき）□（にん）の重い役目をりっぱにやりとげる。 p.55

⑥ 学校の□□（しゅうい）は自然が豊（ゆた）かだ。 p.77

⑦ うぐいすは春を□（つ）げる鳥だ。

⑧ 真実を□□（こくはく）する。

⑤「にん」は、「亻（にんべん）」を使った漢字だね。

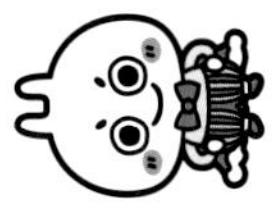

⑦送りがなは「つ―げる」となります。「つげ―る」としないように注意しましょう。

9 まとめのテスト1

名前　　月　日

目標時間 20分　合格80点　/100点

1 ——の漢字の読みがなを書きなさい。　48点（一つ4）

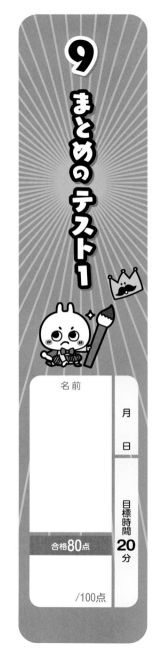

① 愛犬は毎朝 朝刊（　　） を取ってくる。

② 子どものころ、力士（　　） にあこがれた。

③ 仕事を 任（　　） せる。

④ 仮説（　　） を立て直して、再（　　） び実験した。

⑤ 責任（　　） をもって仕事にあたる。

⑥ 指示（　　） にしたがって行動する。

⑦ 仮（　　） の話、永遠（　　） の命があったらどうしますか。

⑧ 旧道（　　） は、川にそった細い道です。

⑨ 防犯（　　） 対さくの説明会を 再来週（　　） に開きます。

2 □にあてはまる漢字を書きなさい。

52点（一つ4）

① 父の体を□（ささ）える。

② 赤と青の色を□□（たいひ）的に配置した。

③ □□（じけん）の□□（げんいん）を究明する。

④ 畑を作るために、地面をひもで□（かこ）んだ。

⑤ □（ひさ）しぶりに□□（べんとう）を買って食べた。

⑥ □□（だんたい）ごとに□□（だいぶつ）様をおがんだ。

⑦ 深海は□□（すいあつ）が高い。

⑧ 真実を□□（こくはく）する。

⑨ 現（げん）□（ざい）、B国は、A国に□□（しはい）されている。

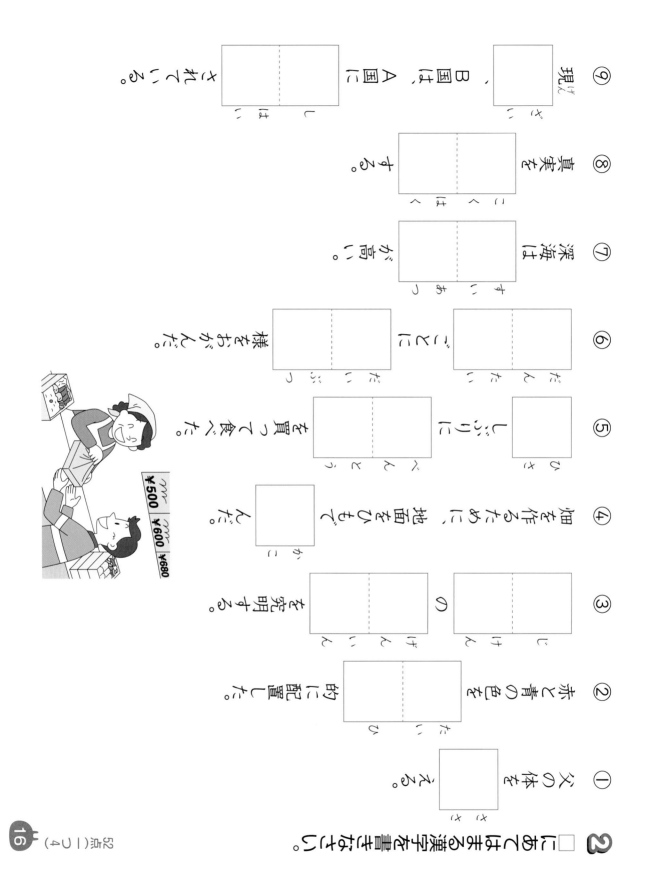

きほんのドリル 10

7画 応・快・技・均・災

目標時間 15分　月　日　名前　合格80点　/100点

書いて覚えよう！

応（はねる）
おん：オウ
くん：こたえる
言葉：応じる(おうじる)　対応(たいおう)　応える(こたえる)
部首：心(こころ)
7画：丶 亠 广 广 応 応 応

快（出る）
おん：カイ
くん：こころよい
言葉：快晴(かいせい)　軽快(けいかい)　快い(こころよい)羽音(はおと)
部首：忄(りっしんべん)
7画：丶 丷 忄 忄 忙 快 快

技（はねる）
おん：ギ
くん：（わざ）
言葉：技術(ぎじゅつ)　技能(ぎのう)　陸上競技(りくじょうきょうぎ)
部首：扌(てへん)
7画：一 十 扌 扌 扌 抆 技

均（はねる）
おん：キン
言葉：平均(へいきん)　均一(きんいつ)　均等(きんとう)
部首：土(つちへん)
7画：一 十 土 圴 均 均 均

災（同じ大きさ）
おん：サイ
くん：（わざわい）
言葉：災害(さいがい)　火災(かさい)　大しん災(だいしんさい)
部首：火(ひ)
7画：く 巛 巛 巛 巛 災 災

1 読みがなを書いてから、なぞりなさい。 20点(一つ4)

① 応じる（　　）

② 快い（　　）

③ 競技（　　）

④ 平均（　　）

⑤ 災害（　　）

2 □にあてはまる漢字を書きなさい。

80点(一つ10)

① 父は、時と場合に□(おう)じて手帳を使い分けている。

② □(こころよ)く力のみを引き受けてくれた。

③ 運動会の日は、雲一つない□□(かいせい)だった。

④ 中学校では□(ぎ)術(じゅつ)・家庭を勉強する。 ☞p.57

⑤ 百メートル走の□□(きょうぎ)に出場する。

⑥ つりかわを持たずに体の□□(へいきん)をとった。

⑦ おかしを□□(きんとう)に分ける。

⑧ 台風による□□(さいがい)に備(そな)える。 ☞p.67

②「こころよ―く」と送りがなは一字になります。「こころ―よく」としないように注意しましょう。

11 きほんのドリル

7画 志・似・序・条・状

名前　月　日　目標時間 15分　合格80点　/100点

書いて覚えよう！

志（7画）
おん：シ　くん：こころざす・こころざし
短く
書き順：一 十 士 士 志 志 志
言葉：意志（いし）　医者（いしゃ）を志（こころざ）す　高（たか）い志（こころざし）
部首：心（こころ）

似（7画）
おん：（ジ）　くん：にる
とめる
書き順：ノ イ 亻 化 似 似 似
言葉：よく似（に）た兄弟（きょうだい）　似顔絵（にがおえ）
部首：亻（にんべん）

序（7画）
おん：ジョ
はねる
書き順：丶 亠 广 户 序 序 序
言葉：順序（じゅんじょ）　序列（じょれつ）　序文（じょぶん）
部首：广（まだれ）

条（7画）
おん：ジョウ
とめる
書き順：ノ ク 夂 冬 条 条 条
言葉：条件（じょうけん）　条約（じょうやく）　条文（じょうぶん）
部首：木（き）

状（7画）
おん：ジョウ
とめる
書き順：丨 丬 丬 丬 沣 状 状
言葉：賞状（しょうじょう）　現状（げんじょう）　状態（じょうたい）　年賀状（ねんがじょう）
部首：犬（いぬ）

1 読みがなを書いてから、なぞりなさい。 20点（一つ4）

① 志す（　　　）
② 似る（　　　）
③ 順序（　　　）
④ 条文（　　　）
⑤ 年賀状（　　　）

80点（一つ10）

2 □にあてはまる漢字を書きなさい。

① 姉はピアニストを［こころざし］している。

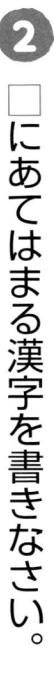

② 人々のあたたかい［こころざし］がわすれられない。

③ ［いし］を強くもって努力する。

④ わたしは父によく［に］た人に会った。

⑤ 公園で［にがおえ］をかいてもらった。

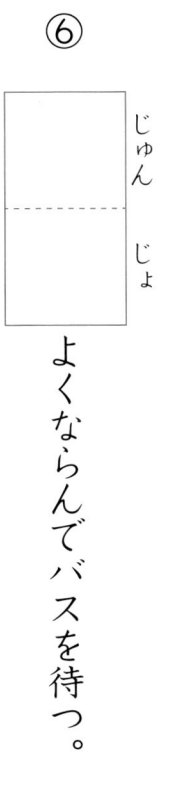

⑥ よくならんで［じゅんじょ］バスを待つ。

⑦ 説明された計画に［じょう］件（けん）つきで賛（さん）成する。 ☞p.11 ☞p.85

⑧ クラス全員に年賀［じょう］を出した。

⑧「じょう」の右の部分は「大」ではなく「犬」だよ。「、」をわすれないでね。

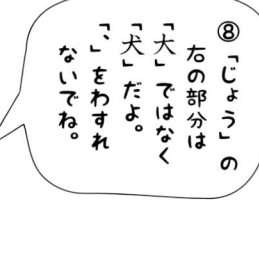

五年生で習う「じょう」と読む漢字は、「条・状・情・常」がありますが、⑦・⑧に入るのは、それぞれどの字でしょう。

7画・8画 判・防・余・毒・易

名前　月　日　目標時間 15分　合格80点　/100点

書いて覚えよう！

判（7画）はねる
- おん：ハン、バン
- 言葉：判断（はんだん）　判定（はんてい）　大判（おおばん）　評判（ひょうばん）
- 部首：刂（りっとう）
- 筆順：1 丶 2 丷 3 丷 4 𠂉 5 半 6 半 7 判

防（7画）たてる
- おん：ボウ
- くん：ふせぐ
- 言葉：防災訓練（ぼうさいくんれん）　防水（ぼうすい）　火事（かじ）を防（ふせ）ぐ
- 部首：阝（こざとへん）
- 筆順：1 ㇇ 2 ㇌ 3 阝 4 阝 5 阝 6 防 7 防

余（7画）はねる
- おん：ヨ
- くん：あまる、あます
- 言葉：余計（よけい）　余分（よぶん）　予算（よさん）が余（あま）る
- 部首：人（ひとやね）
- 筆順：1 ノ 2 人 3 今 4 今 5 全 6 余 7 余

毒（8画）はねる
- おん：ドク
- 言葉：毒薬（どくやく）　毒気（どくけ）　中毒（ちゅうどく）
- 部首：母（なかれ）
- 筆順：1 一 2 十 3 丰 4 主 5 丰 6 青 7 毒 8 毒

易（8画）「昜」としない
- おん：エキ、イ
- くん：やさしい
- 言葉：貿易（ぼうえき）　容易（ようい）　易（やさ）しい問題（もんだい）
- 部首：日（ひ）
- 筆順：1 丨 2 冂 3 日 4 日 5 月 6 号 7 易 8 易

1 読みがなを書いてから、なぞりなさい。　20点（一つ4）

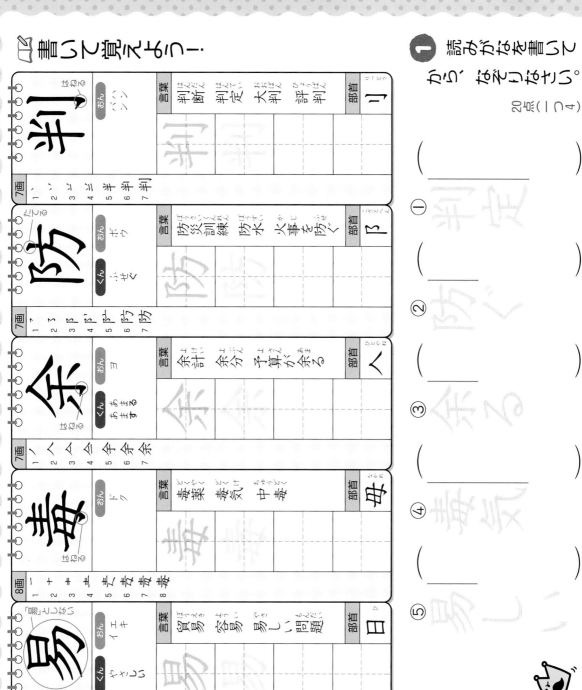

①（　　）判定
②（　　）防ぐ
③（　　）余る
④（　　）毒気
⑤（　　）易しい

2 □にあてはまる漢字を書きなさい。

80点（一つ10）

① よく考えてから□（はん）断（だん）しよう。 p.55

② この本は、評（ひょう）□（ばん）がよい。 p.69

③ かぜを□（ふせ）ぐため、うがいをする。

④ 地しんに備（そな）えて、□（ぼう）災（さい）訓練を行う。 p.67 p.17

⑤ 人よりも□□（よけい）に練習する。

⑥ 暑い時期は、□□□（しょくちゅうどく）に注意する。

⑦ 言うのは□（やさ）しいが、実行するのはむずかしい。

⑧ 日本の貿（ぼう）□（えき）高について調べる。 p.69

①・②「はん（・ばん）」という漢字には、「半」という読みをもった部分が入っているんだ。

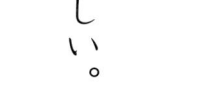

⑦「やさしい」は、「解決（かいけつ）や実現（じつげん）がたやすい」という意味です。

13 きほんのドリル

8画

往・価・妻・河・効

名前
月　日
目標時間 15分
合格80点
/100点

書いて覚えよう!

往（少し長く）
- おん：オウ
- 言葉：往路（おうろ）　往復（おうふく）
- 部首：彳（ぎょうにんべん）
- 8画

価（つける）
- おん：カ
- くん：（あたい）
- 言葉：価格（かかく）　評価（ひょうか）　定価（ていか）
- 部首：亻（にんべん）
- 8画

妻（出る）
- おん：サイ
- くん：つま
- 言葉：夫妻（ふさい）　妻子（さいし）　妻と夫（つまとおっと）
- 部首：女（おんな）
- 8画

河（はねる）
- おん：カ
- くん：かわ
- 言葉：河口（かこう）　大河（たいが）　大きな河（おおきなかわ）
- 部首：氵（さんずい）
- 8画

効（とめる）
- おん：コウ
- くん：きく
- 言葉：効果的（こうかてき）　有効（ゆうこう）　薬が効く（くすりがきく）
- 部首：力（ちから）
- 8画

1 読みがなを書いてから、なぞりなさい。 20点（一つ4）

① 往路（　　）
② 定価（　　）
③ 妻子（　　）
④ 河口（　　）
⑤ 効く（　　）

2 □にあてはまる漢字を書きなさい。

80点（一つ10）

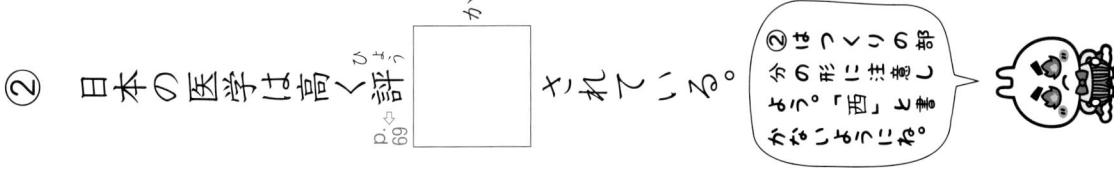

① ロンドンまでの□（おう）復（ふく）チケットを買った。 p.69

② 日本の医学は高く評（ひょう）□（か）されている。 p.69

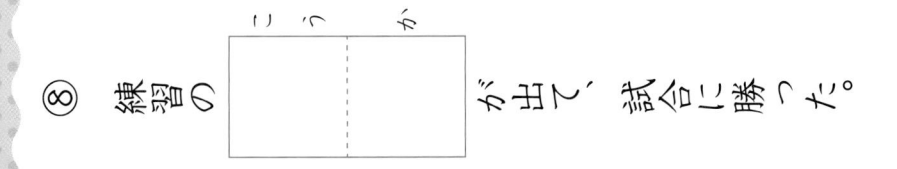

②はつくりの部分の形に注意しよう。「西」と書かないようにね。

③ わたしの□（つま）は、北海道（ほっかいどう）の出身です。

④ アメリカの大統領（とうりょう）□□（ふさい）が来日した。 p.67 p.81

⑤ 船で□□（たいが）をゆっくり下った。

⑥ ここは北上川（きたかみがわ）の□□（かこう）近くの町である。

⑦ かぜによく□（き）く薬がほしい。

⑧ 練習の□□（こうか）が出て、試合に勝った。

⑧「こうか」の「こう」を、「功」と書くとまちがいです。

14 きほんのドリル

8画　枝・性・居・述・招

目標時間 15分　月　日　名前　合格80点　/100点

書いて覚えよう！

枝（はらう）
- おん：（シ）
- くん：えだ
- 言葉：木（き）の枝（えだ）　枝分（えだわ）かれ
- 部首：木（きへん）
- 筆順（8画）：1 一　2 十　3 才　4 木　5 木一　6 朾　7 枋　8 枝

性（とめる）
- おん：セイ（ショウ）
- 言葉：性急（せいきゅう）　性質（せいしつ）　可能性（かのうせい）　性格（せいかく）
- 部首：忄（りっしんべん）
- 筆順（8画）：1 丶　2 丷　3 忄　4 忄一　5 忄𠂉　6 忄牛　7 忄牛　8 性

居（つける）
- おん：キョ
- くん：いる
- 言葉：転居（てんきょ）　住居（じゅうきょ）　居間（いま）　居場所（いばしょ）
- 部首：尸（しかばね・かばね）
- 筆順（8画）：1 ㇕　2 コ　3 尸　4 𡰱　5 𡰴　6 𡰴　7 居　8 居

述（つけない）
- おん：ジュツ
- くん：のべる
- 言葉：述語（じゅつご）　考（かんが）えを述（の）べる
- 部首：辶（しんにょう・しんにゅう）
- 筆順（8画）：1 一　2 十　3 才　4 木　5 朮　6 朮　7 沭　8 述

招（出ない）
- おん：ショウ
- くん：まねく
- 言葉：招待状（しょうたいじょう）　お客（きゃく）を招（まね）く
- 部首：扌（てへん）
- 筆順（8画）：1 一　2 十　3 扌　4 扌丁　5 扌刀　6 扌刀　7 招　8 招

1 読みがなを書いてから、なぞりなさい。

20点（一つ4）

① 枝（　　　）
② 性急（　　　）
③ 居間（　　　）
④ 述べる（　　　）
⑤ 招く（　　　）

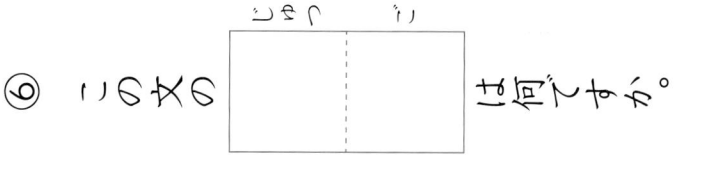

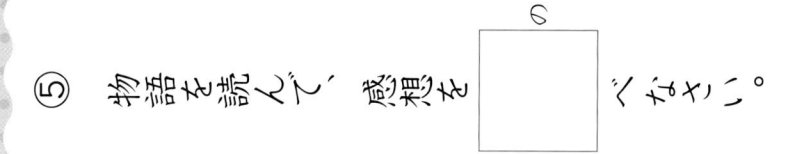

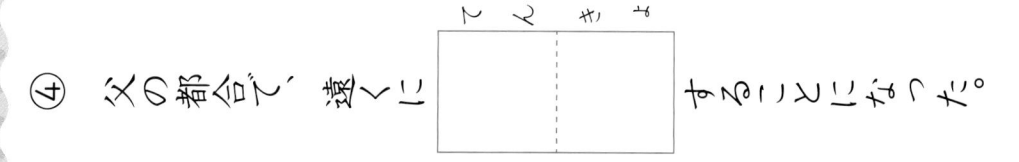

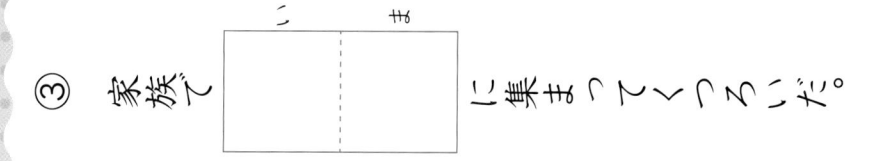

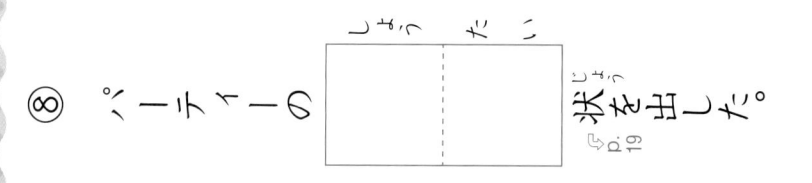

2 □にあてはまる漢字を書きなさい。

80点（一つ10）

① 道路にのびた木の□（えだ）を切る。

② ガソリンは引火しやすい□（せい）質（しつ）をもっている。 ☞p.89

③ 家族で□□（いま）に集まってくつろいだ。

④ 父の都合で、遠くに□□（てんきょ）することになった。

⑤ 物語を読んで、感想を□（の）べなさい。

⑥ この文の□□（じゅつご）は何ですか。

⑦ 不注意が、大きな事故（こ）を□（まね）く。 ☞p.33

⑧ パーティーの□□（しょうたい）状（じょう）を出した。 ☞p.19

⑤・⑥は五画目の「乚」をわすれないようにしよう。

⑦送りがなは「まねーく」となります。「まーねく」としないように注意しましょう。

15 まとめのテスト2

名前　月　日　目標時間 20分　合格80点　/100点

1 ――の漢字の読みがなを書きなさい。　48点（一つ4）

① この文から 述語 を見つけなさい。（　）（　）

② 快 く弟のたのみを聞いてあげる。（　）

③ オリンピック出場を 志 して、はげしい練習をする。（　）

④ 妻 とともに、居間 でくつろいだ。（　）（　）

⑤ 中国(ちゅうごく)との貿(ぼう) 易 がさかんになった。（　）

⑥ 毒 をもったヘビもいるから、気をつけなさい。（　）

⑦ 順序 よくならんで、似顔絵 をかいてもらう。（　）（　）

⑧ 平均 点の下がった理由を 述 べる。（　）（　）

⑨ 河 をゆっくりと船が下っていった。（　）

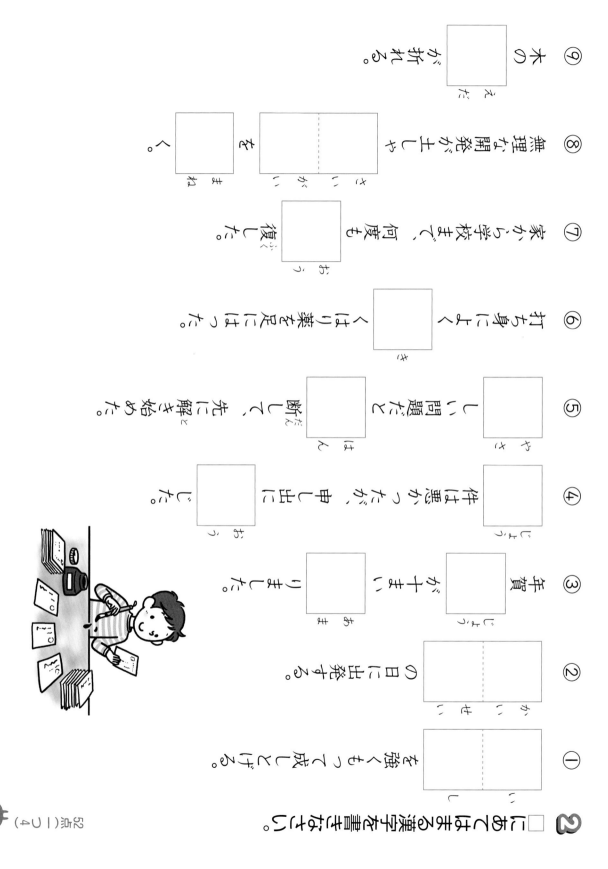

2 □にあてはまる漢字を書きなさい。

52点（一つ4）

① □□（いし）を強くもって成しとげる。

② □□（かいせい）の日に出発する。

③ 年賀□（じょう）が十まい□（あま）りました。

④ □（じょう）件は悪かったが、申し出に□（おう）じた。

⑤ □（やさ）しい問題だと□（はん）断（だん）して、先に解（と）き始めた。

⑥ 打ち身によく□（き）くはり薬を足にはった。

⑦ 家から学校まで、何度も□（おう）復（ふく）した。

⑧ 無理な開発が土しゃ□□（さいがい）を□（まね）く。

⑨ 木の□（えだ）が折れる。

16 きほんのドリル

8画 舎・制・版・肥・非

名前

月　日

目標時間 15分

合格80点　/100点

書いて覚えよう！

舎（8画）
- 筆順：ノ 𠆢 亼 今 全 舎 舎 舎
- ポイント：長く
- おん：シャ
- 言葉：校舎（こうしゃ）　宿舎（しゅくしゃ）
- 部首：舌（した）

制（8画）
- 筆順：ノ 𠂉 㐄 午 伟 制 制 制
- ポイント：とめる
- おん：セイ
- 言葉：先制点（せんせいてん）　制限（せいげん）　制服（せいふく）
- 部首：刂（りっとう）

版（8画）
- 筆順：丿 丿 片 片 片 版 版 版
- ポイント：おる
- おん：ハン
- 言葉：出版社（しゅっぱんしゃ）　版画（はんが）　木版（もくはん）
- 部首：片（かたへん）

肥（8画）
- 筆順：丿 刀 月 月 月 肥 肥 肥
- ポイント：上にはねる
- おん：ヒ
- くん：こえる　こえ　こやす　こやし
- 言葉：肥料（ひりょう）　肥えた土（こえたつち）　肥おけ（こえおけ）
- 部首：月（にくづき）

非（8画）
- 筆順：丿 ｿ 𠃌 ヨ 非 非 非 非
- ポイント：出ない
- おん：ヒ
- 言葉：非公式（ひこうしき）　非常口（ひじょうぐち）　非運（ひうん）
- 部首：非（ひあらず）

1 読みがなを書いてから、なぞりなさい。　20点（一つ4）

① 校舎（　　　）

② 先制点（　　　）

③ 出版（　　　）

④ 肥えた（　　　）

⑤ 非公式（　　　）

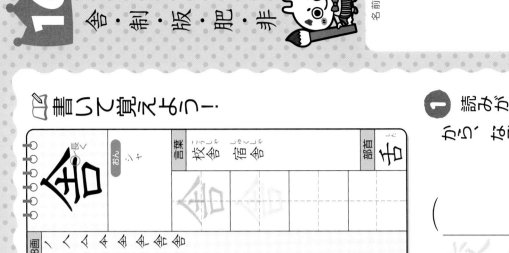

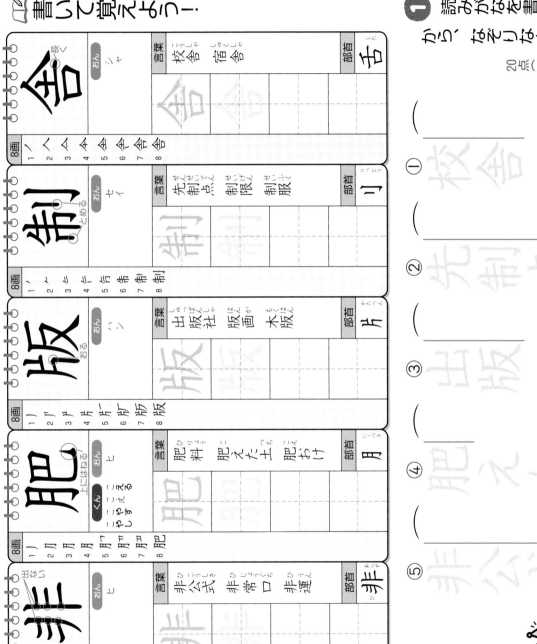

2 □にあてはまる漢字を書きなさい。

80点（一つ10）

① □□（こうしゃ）の横に、体育館が建てられた。

② □□□（せんせいてん）を取られても、試合には勝った。

③ □（せい）限（げん）速度を守って安全に走る。 ☞p.31

④ 風景を□□（はんが）で表す。

⑤ 父は□□□（しゅっぱんしゃ）につとめている。

⑥ 君は、目がよく□（こ）えている。

⑦ □□（ひりょう）をやりすぎると、植物はかれてしまう。

⑧ ホテルでは、まず□（ひ）常（じょう）口を確（たし）かめる。 ☞p.53 ☞p.85

②・③の「せい」は八画目のはねをわすれないようにしよう。

⑥「目がこえる」は、経験（けいけん）を積み重ねて、もののよしあしがよくわかるようになることです。

17 きほんのドリル

8画・9画

武・紀・型・逆・限

名前　　月　日　目標時間 15分　合格80点　/100点

書いて覚えよう！

武（8画）わすれずに
- おん：ム　ブ
- 言葉：武士（ぶし）　武道（ぶどう）　武者（むしゃ）ぶるい
- 部首：止（とめる）

紀（9画）上にはねる
- おん：キ
- 言葉：紀行（きこう）　紀元（きげん）　世紀（せいき）
- 部首：糸（いとへん）

型（9画）はねる
- おん：ケイ
- くん：かた
- 言葉：典型的（てんけいてき）な例（れい）　洋服（ようふく）の型紙（かたがみ）
- 部首：土（つち）

逆（9画）はらう
- おん：ギャク
- くん：さか　さからう
- 言葉：逆転（ぎゃくてん）　逆立（さかだ）ち　流（なが）れに逆（さか）らう
- 部首：辶（しんにょう・しんにゅう）

限（9画）「ム」としない
- おん：ゲン
- くん：かぎる
- 言葉：限界（げんかい）　期限（きげん）　時間（じかん）を限（かぎ）る
- 部首：阝（こざとへん）

1 読みがなを書いてから、なぞりなさい。 20点（一つ4）

①武道（　　）

②紀元（　　）

③典型的（　　）

④逆立ち（　　）

⑤限る（　　）

2 □にあてはまる漢字を書きなさい。　80点（一つ10）

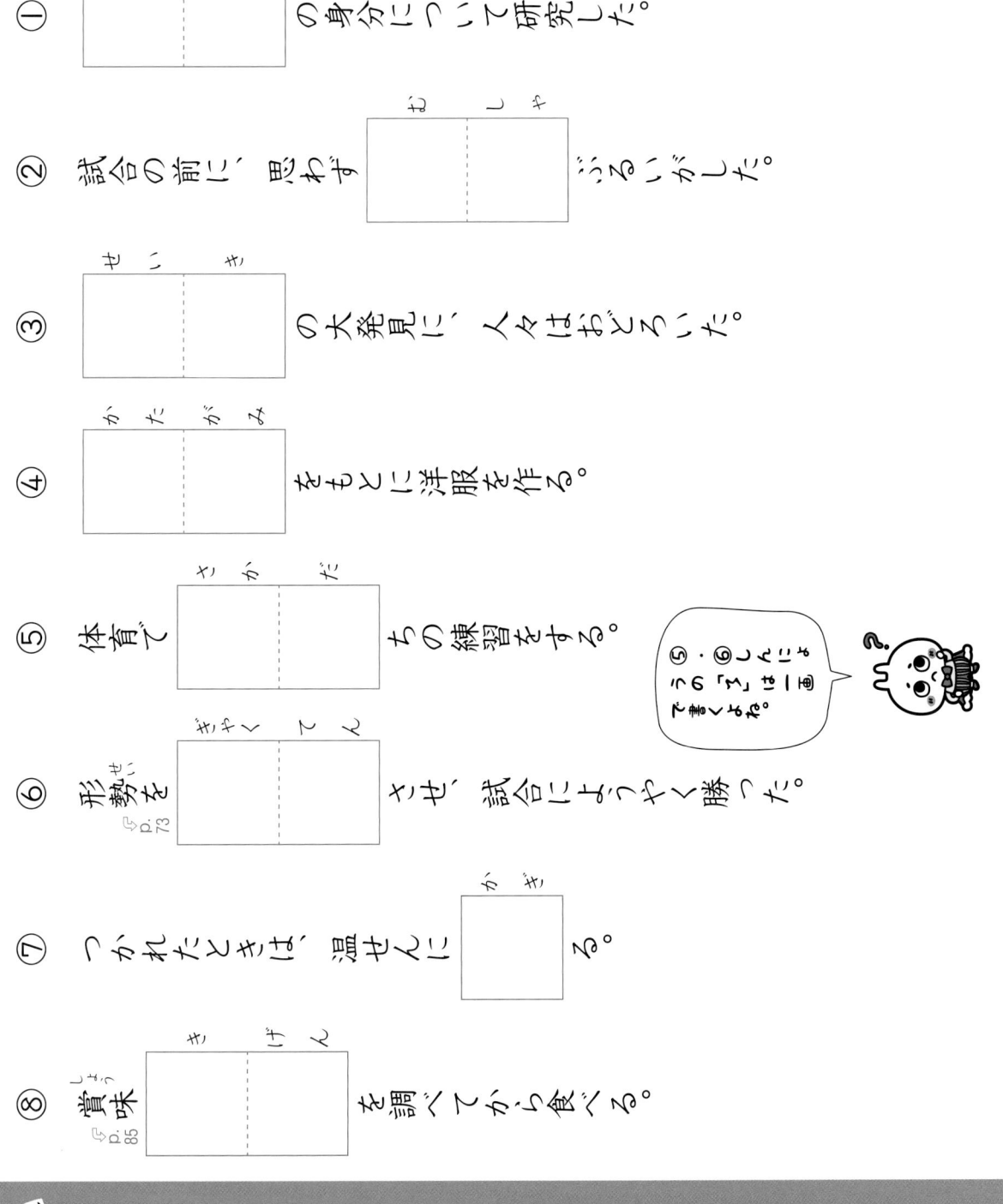

① [ぶ][し]の身分について研究した。

② 試合の前に、思わず[む][しゃ]ぶるいがした。

③ [せい][き]の大発見に、人々はおどろいた。

④ [かた][がみ]をもとに洋服を作る。

⑤ 体育で[さか][だ]ちの練習をする。

⑥ 形勢（せい）を[ぎゃく][てん]させ、試合にようやく勝った。 ☞p.73

⑦ つかれたときは、温せんに[かぎ]る。

⑧ 賞味（しょう）[き][げん]を調べてから食べる。 ☞p.85

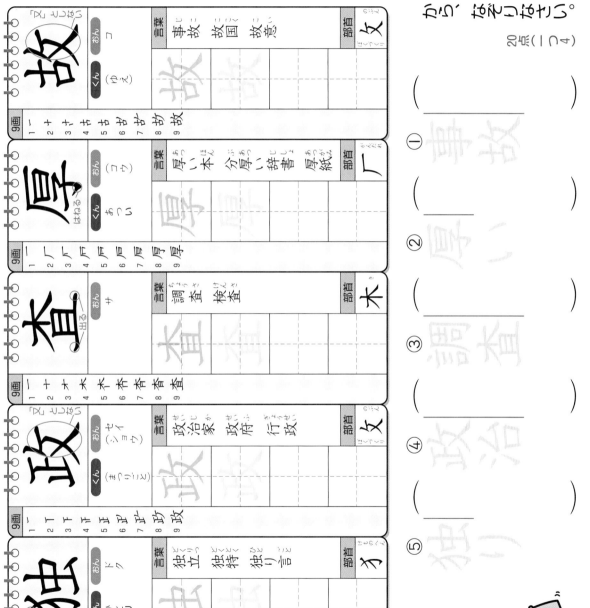

18 きほんのドリル

9画

故・厚・査・政・独

名前

月　日

目標時間 15分

合格80点

/100点

書いて覚えよう！

故（「又」としない）

おん：コ
くん：（ゆえ）

言葉：事故（じこ）　故国（ここく）　故意（こい）

部首：攵（のぶん・ぼくづくり）

9画：1 一　2 十　3 十　4 古　5 古　6 古　7 古　8 故　9 故

厚（はねる）

おん：（コウ）
くん：あつい

言葉：厚い本（あつ・ほん）　分厚い辞書（ぶあつ・じしょ）　厚紙（あつがみ）

部首：厂（がんだれ）

9画：1 一　2 厂　3 厂　4 戸　5 戸　6 戸　7 戸　8 厚　9 厚

査（出る）

おん：サ

言葉：調査（ちょうさ）　検査（けんさ）

部首：木（き）

9画：1 一　2 十　3 才　4 木　5 木　6 杏　7 杏　8 査　9 査

政（「又」としない）

おん：セイ（ショウ）
くん：（まつりごと）

言葉：政治家（せいじか）　政府（せいふ）　行政（ぎょうせい）

部首：攵（のぶん・ぼくづくり）

9画：1 一　2 丁　3 下　4 正　5 正　6 正　7 正　8 政　9 政

独（出る）

おん：ドク
くん：ひとり

言葉：独立（どくりつ）　独特（どくとく）　独り言（ひとりごと）

部首：犭（けものへん）

9画：1 ノ　2 犭　3 犭　4 犭　5 犭　6 犭　7 独　8 独　9 独

1 読みがなを書いてから、なぞりなさい。

20点（一つ4）

① 事故（　　　）

② 厚い（　　　）

③ 調査（　　　）

④ 政治（　　　）

⑤ 独り（　　　）

80点（一つ10）

2 □にあてはまる漢字を書きなさい。

① この道路では、よく□□（じこ）が起こる。

② 友人の家で、□（あつ）いもてなしを受ける。

①「こ」の部首は「攵」。
又 × → 攵 ○

③ □□（あつがみ）をはさみで切って、お面を作った。

④ 子どもの生活を□□（ちょうさ）した。

②・③の「あつ」は「原」とまちがえないでね。

⑤ □□□（せいじか）は選挙で選ばれる。

⑥ □□（せいふ）が特使を外国に送る。

⑦ □（ひと）り言を言いながら歩く。

⑧ フィリピンはアメリカから□□（どくりつ）した。

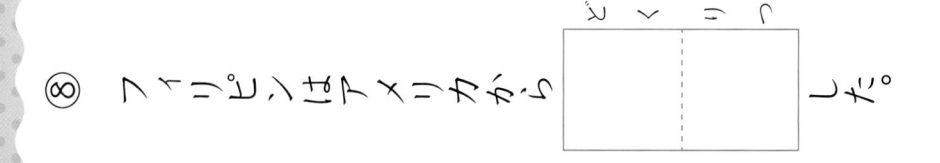

② 「あつい」には、「熱い・厚い・暑い」という同訓の漢字があります。②はどれでしょうか。

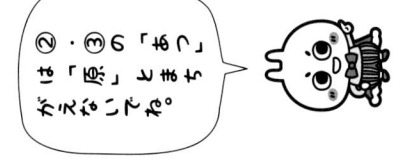

きほんのドリル

19 則・迷・保・祖・航

9画・10画

月　日　目標時間 15分

名前

合格80点　/100点

書いて覚えよう！

則（はねる）
おん：ソク
言葉：原則（げんそく）　反則（はんそく）　法則（ほうそく）　規則（きそく）
部首：刂（りっとう）
9画：1 丨　2 冂　3 月　4 月　5 目　6 貝　7 貝　8 則　9 則

迷（とめる）
おん：（メイ）
くん：まよう
言葉：道に迷う（みち・まよ）　迷わず進む（まよ・すす）
部首：辶（しんにょう）
9画：1 丶　2 丷　3 丷　4 半　5 米　6 米　7 迷　8 迷　9 迷

保（とめる）
おん：ホ
くん：たもつ
言葉：保護（ほご）　保全（ほぜん）　健康を保つ（けんこう・たも）
部首：亻（にんべん）
9画：1 ノ　2 亻　3 亻　4 但　5 伊　6 伊　7 保　8 保　9 保

祖（出る）
おん：ソ
言葉：祖母（そぼ）　祖父（そふ）　先祖（せんぞ）
部首：礻（しめすへん）
9画：1 丶　2 ラ　3 礻　4 礻　5 礼　6 初　7 祖　8 祖　9 祖

航（たてに）
おん：コウ
言葉：航海（こうかい）　航空便で運ぶ（こうくうびん・はこ）
部首：舟（ふねへん）
10画：1 ノ　2 ノ　3 月　4 月　5 舟　6 舟　7 舟　8 舟　9 舫　10 航

1 読みがなを書いてから、なぞりなさい。

20点（一つ4）

①（　　）原則

②（　　）迷う

③（　　）保つ

④（　　）祖母

⑤（　　）航海

 80点（一つ10）

2 □にあてはまる漢字を書きなさい。

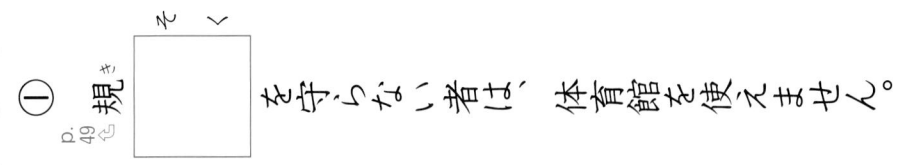

① 規（き）□（そく）を守らない者は、体育館を使えません。 ☞p.49

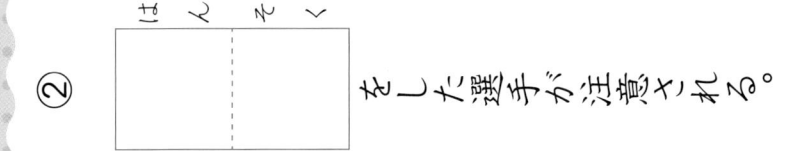

② □□（はんそく）をした選手が注意される。

③ □（まよ）わず、早く決断（だん）することが大切だ。 ☞p.55

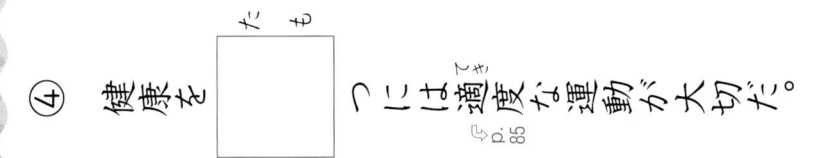

④ 健康を□（たも）つには適度（てき）な運動が大切だ。 ☞p.85

⑤ □（ほ）護者（ご）面談には母が出席した。 ☞p.93

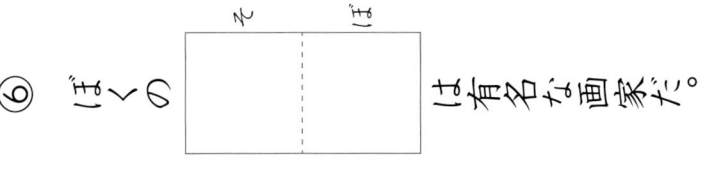

⑥ ぼくの□□（そぼ）は有名な画家だ。

⑦ □□（せんぞ）の墓（はか）にお参りする。 ☞p.73

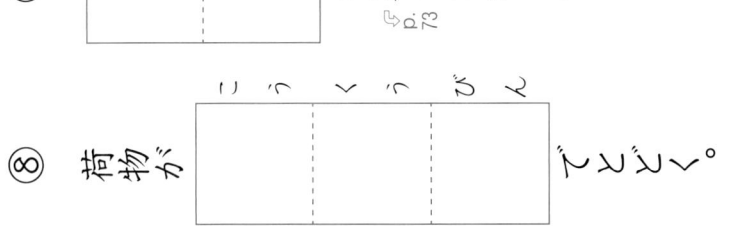

⑧ 荷物が□□□（こうくうびん）でとどく。

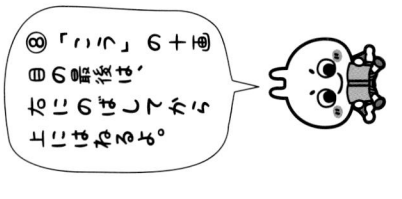

⑧「こう」の十画目の最後は、右にのばしてから上にはねるよ。

① 「きそく」の「そく」と似（に）た漢字には、「側」「測」があります。しっかり区別して覚えましょう。

10画 殺・粉・脈・益・格

月　日　目標時間 15分

名前

合格80点　/100点

書いて覚えよう！

殺（上にはねる）
- おん：サツ（サイ）（セツ）
- くん：ころす
- 言葉：殺意（さつい）　殺風景（さっぷうけい）　息を殺す（いきをころす）
- 部首：殳（るまた・ほこづくり）
- 10画：ノ メ 𠂇 ⺗ 𣥂 杀 𣏂 𣏌 殺 殺

粉（はらう）
- おん：フン
- くん：こ・こな
- 言葉：粉末（ふんまつ）　小麦粉（こむぎこ）　粉薬を飲む（こなぐすりをのむ）
- 部首：米（こめへん）
- 10画：丶 丷 䒑 半 米 米 米 粉 粉 粉

脈（つけ方注意）
- おん：ミャク
- 言葉：山脈（さんみゃく）　人脈（じんみゃく）　脈をとる（みゃくをとる）
- 部首：月（にくづき）
- 10画：丿 刀 月 月 肜 肜 肜 脈 脈 脈

益（はらう）
- おん：エキ（ヤク）
- 言葉：利益（りえき）　益鳥（えきちょう）　損益（そんえき）
- 部首：皿（さら）
- 10画：丶 丷 䒑 兰 关 关 益 益 益 益

格（「夂」としない）
- おん：カク（コウ）
- 言葉：格別（かくべつ）　人格（じんかく）　体格（たいかく）　格好（かっこう）
- 部首：木（きへん）
- 10画：一 十 才 木 朩 杦 枚 柊 格 格

1 読みがなを書いてから、なぞりなさい。　20点（一つ4）

①（　　）殺意

②（　　）粉末

③（　　）人脈

④（　　）利益

⑤（　　）格別

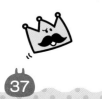

2 □にあてはまる漢字を書きなさい。 80点（一つ10）

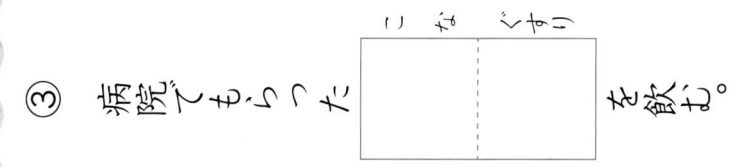

① 息を□（ころ）して辺りをうかがう。

② □□□（こむぎこ）を使ってパンを作る。

③ 病院でもらった□□（こなぐすり）を飲む。

④ 高い□□（さんみゃく）がそびえている。

⑤ □□（りえき）の半分を新しい仕入れにあてる。

⑥ つばめは害虫を食べるので、□□（えきちょう）と言われる。

⑦ 友だちがとるの□□（かっこう）をまねてまわりを笑わせている。

⑧ あの□□（たいかく）のいい人は、野球選手です。

① 「息をころす」は、呼吸（こきゅう）をするのをおさえて、じっとしていることです。

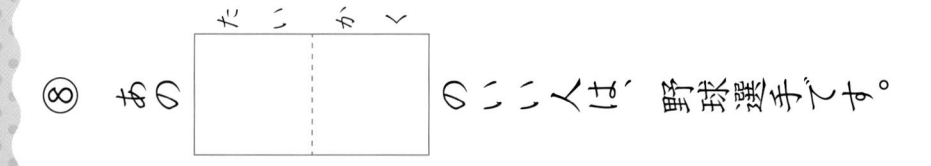

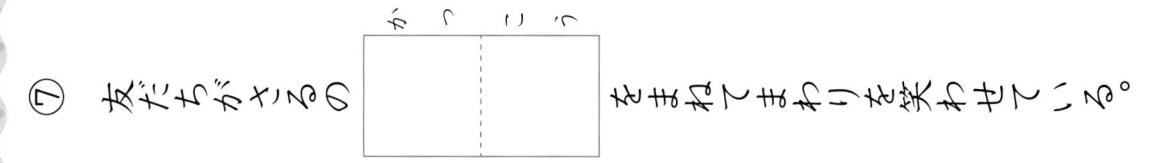

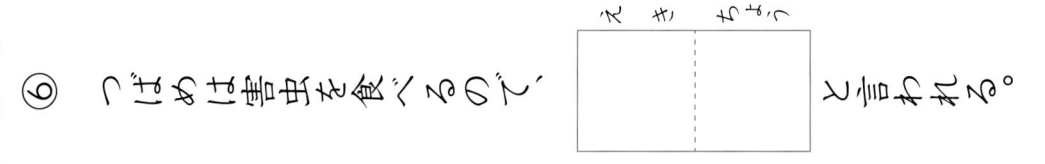

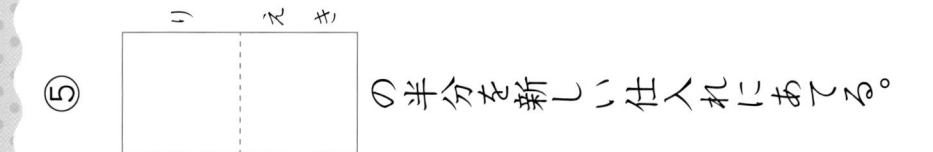

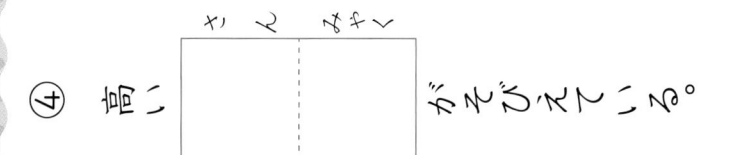

21 まとめのテスト3

名前　　月　日　目標時間20分　合格80点　/100点

1 ——の漢字の読みがなを書きなさい。　48点（一つ4）

① 長い航海のことを紀行文にあらわす。

② 校舎の安全性を調査する。

③ 土地を肥やす。

④ 政治家になりたい。

⑤ ぶつぶつと独り言を言う。

⑥ 子どもに限って版画作りに参加できます。

⑦ 交通規（き）則を守って安全運転をする。

⑧ 会社の利益があがる。

⑨ 制限速度を守りなさい。

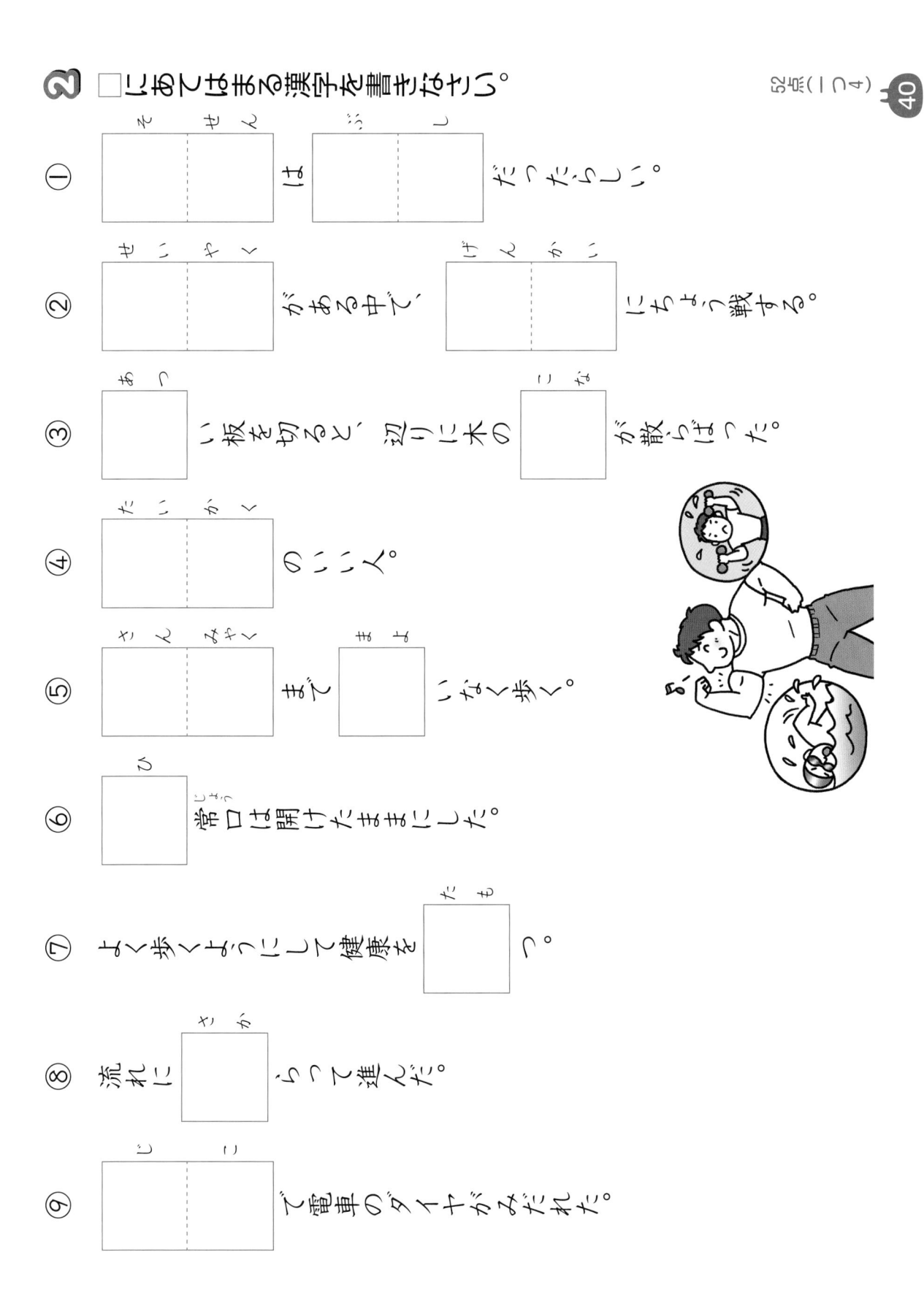

2 □にあてはまる漢字を書きなさい。

52点（一つ4）

① □□（そせん）は□□（ぶし）だったらしい。

② □□（せいやく）がある中で、□□（げんかい）にちょう戦する。

③ □（あつ）い板を切ると、辺りに木の□（こな）が散らばった。

④ □□（たいかく）のいい人。

⑤ □□（さんみゃく）まで□（まよ）いなく歩く。

⑥ □（ひ）常口（じょう）は開けたままにした。

⑦ よく歩くようにして健康を□（たも）つ。

⑧ 流れに□（さか）らって進んだ。

⑨ □□（じこ）で電車のダイヤがみだれた。

22 きほんのドリル

10画 桜・個・耕・財・師

名前　　月　日　目標時間 15分　合格80点　/100点

書いて覚えよう！

桜（10画）とめる
- おん：（オウ）
- くん：さくら
- 言葉：桜（さくら）の木（き）　桜草（さくらそう）
- 部首：木（きへん）

個（10画）とめる
- おん：コ
- 言葉：一個（いっこ）　個性（こせい）　個人（こじん）
- 部首：亻（にんべん）

耕（10画）とめる
- おん：コウ
- くん：たがや**す**
- 言葉：耕地（こうち）　耕作（こうさく）　畑（はたけ）を耕（たがや）す
- 部首：耒（すきへん・らいすき）

財（10画）はねる
- おん：ザイ（サイ）
- 言葉：財産（ざいさん）　重要文化財（じゅうようぶんかざい）
- 部首：貝（かいへん）

師（10画）はねる
- おん：シ
- 言葉：教師（きょうし）　漁師（りょうし）　師事（しじ）
- 部首：巾（はば）

1 読みがなを書いてから、なぞりなさい。　20点（一つ4）

①（　　）桜

②（　　）一個

③（　　）耕す

④（　　）財産

⑤（　　）教師

80点（一つ10）

2 □にあてはまる漢字を書きなさい。

① □（さくら）の花がさいている期間は短い。

② 残った□□（いっこ）のパンを妹にあげる。

③ □（こ）性を大切にして指導する。 ☞p.25 ☞p.89

④ 畑を□（たがや）すのに、くわやすきを使う。

⑤ 田畑を借りて、□□（こうち）面積を増やす。 ☞p.83

⑥ 健康は、大切な□□（ざいさん）である。

⑦ 母は、以前、小学校の□□（きょうし）だった。

⑧ 職人に□□（しじ）して技術を学ぶ。 ☞p.93 ☞p.17 ☞p.57

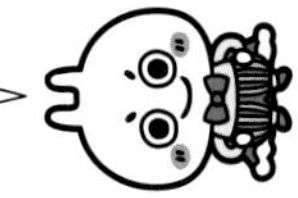
②・③「こ」は
「亻（にんべん）」
をわすれないでね。

④「たがや」・
⑤「こう」の左側は、
まちがえやすいから
注意して書こう。

①の「さくら」は「きへん」の漢字です。「きへん」の漢字は、板・材・村・校・根・械など、たくさんあります。「さくら」も正確に覚えましょう。

きほんのドリル

23 10画 修・素・造・能・破

月　日　目標時間 15分

名前　合格80点　/100点

書いて覚えよう！

漢字	読み	言葉	部首	画数
修（とめる）	おん シュウ（シュ）　くん おさ-める　おさ-まる	修正（しゅうせい）　修学旅行（しゅうがくりょこう）　学問を修める（がくもん・おさ）	亻（にんべん）	10画
素（とめる）	おん ソ（ス）	炭素（たんそ）　要素（ようそ）　質素（しっそ）	糸（いと）	10画
造（出ない）	おん ゾウ　くん つく-る	造船（ぞうせん）　木造建築（もくぞうけんちく）　船を造る（ふね・つく）	辶（しんにょう・しんにゅう）	10画
能（はねる）	おん ノウ	能力（のうりょく）　技能（ぎのう）　可能性（かのうせい）　本能（ほんのう）	肉（にく）	10画
破（はなす）	おん ハ　くん やぶ-る　やぶ-れる	破損（はそん）　破産（はさん）　紙を破る（かみ・やぶ）	石（いしへん）	10画

1 読みがなを書いてから、なぞりなさい。　20点（一つ4）

①（　　）修める

②（　　）炭素

③（　　）造る

④（　　）本能

⑤（　　）破る

2 □にあてはまる漢字を書きなさい。

80点（一つ10）

① 学問を□（おさ）めて、学者になった。

② ロケットのき道を□□（しゅうせい）した。

③ ダイヤモンドは□□（たんそ）でできている。

④ 川をせき止めてダムを□（つく）った。

⑤ 日本（にほん）は、世界でも有数の□□□（ぞうせんこく）だ。

⑥ 動物は□□（ほんのう）にしたがって行動する。

⑦ 終わった月のカレンダーを□（やぶ）る。

⑧ 機械の□（は）損（そん）した部分を直す。

☞p.77

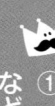

① 「おさめる」の意味に注意しましょう。学問（武芸（ぶげい）など）を□（おさ）める。国を治める。品物（税（ぜい）など）を納（おさ）める。よい成績（せいせき）を収（おさ）める。

24 きほんのドリル

10画・11画
容・留・救・停・堂

名前　月　日　目標時間15分　合格80点　/100点

書いて覚えよう！

容（10画）
たてに
おん：ヨウ
言葉：内容（ないよう）　美容院（びよういん）　容易（ようい）
部首：宀（うかんむり）

留（10画）
はねる
おん：リュウ・ル
くん：とめる・とまる
言葉：留学（りゅうがく）　留守（るす）　目（め）に留（と）まる
部首：田（た）

救（11画）
わすれずに
おん：キュウ
くん：すくう
言葉：救助（きゅうじょ）　救急車（きゅうきゅうしゃ）　命（いのち）を救（すく）う
部首：攵（のぶん・ぼくづくり）

停（11画）
はねる
おん：テイ
言葉：停止（ていし）　停車（ていしゃ）　停電（ていでん）
部首：亻（にんべん）

堂（11画）
「⺌」としない
おん：ドウ
言葉：食堂（しょくどう）　講堂（こうどう）　仏堂（ぶつどう）
部首：土（つち）

1 読みがなを書いてから、なぞりなさい。　20点（一つ4）

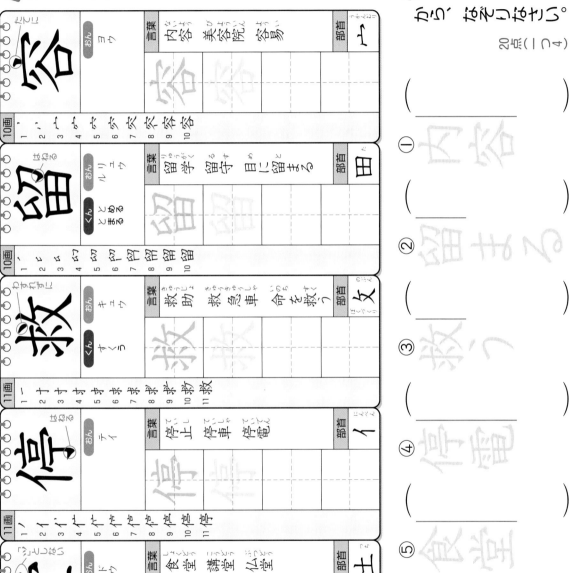

① 内容（　　）
② 留まる（　　）
③ 救う（　　）
④ 停電（　　）
⑤ 食堂（　　）

2 □にあてはまる漢字を書きなさい。

① 会談の□□（ないよう）を記録した。

② 賞状（しょうじょう）を金具でかべに□（と）めた。 p.85 p.19

③ イギリスからの□□□（りゅうがくせい）が来日した。

④ 火災（さい）にあったビルから□□（きゅうじょ）された。 p.17

⑤ 医学の進歩により、多くの人の命が□（すく）われた。

⑥ □□（ていしゃ）したタクシーに乗りこんだ。

⑦ □□（ていでん）は二時間続いた。

⑧ 全員が講（こう）□（どう）に集合した。 p.93

④「きゅう」の六画目の最後ははらわずに、しっかりとめよう。

④からは11画の漢字が入ってきます。字形に注意して正しく覚えましょう。

25 11画 得・移・基・許・液

月　日　目標時間 15分

名前　合格80点　/100点

書いて覚えよう！

得（11画）
はねる
- おん：トク
- くん：える（うる）
- 言葉：得意（とくい）、取得（しゅとく）、理解を得る（りかいをえる）
- 部首：彳（ぎょうにんべん）

移（11画）
とめる
- おん：イ
- くん：うつる、うつす
- 言葉：移動（いどう）、移住（いじゅう）、席を移る（せきをうつる）
- 部首：禾（のぎへん）

基（11画）
長く
- おん：キ
- くん：（もと）（もとい）
- 言葉：基本（きほん）、基準（きじゅん）、基地（きち）
- 部首：土（つち）

許（11画）
出ない
- おん：キョ
- くん：ゆるす
- 言葉：許可（きょか）、許容（きょよう）、特許（とっきょ）、失敗を許す（しっぱいをゆるす）
- 部首：言（ごんべん）

液（11画）
たてに
- おん：エキ
- 言葉：血液（けつえき）、液体（えきたい）、液状（えきじょう）
- 部首：氵（さんずい）

1 読みがなを書いてから、なぞりなさい。 20点（一つ4）

①（　　）得る

②（　　）移る

③（　　）基本

④（　　）許す

⑤（　　）血液

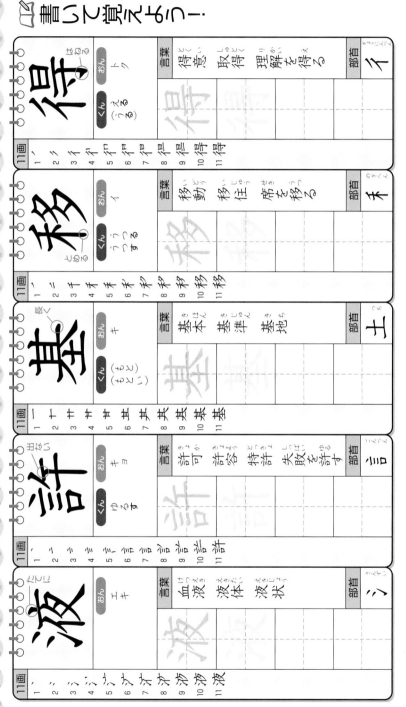

2 □にあてはまる漢字を書きなさい。

80点（一つ10）

① わたしはとび箱が□□（とくい）だ。

② ていねいに説明して理解（りかい）を□（え）る。 ☞p.73

③ 声がよく聞こえなかったので、席を□（うつ）した。

④ 少しずつだが、大陸は□□（いどう）していると考えられている。

⑤ 公平になるよう、細かく採点（さいてん）☞p.55 □（き）準（じゅん）☞p.71を決めた。

⑥ 失敗を□（ゆる）し合うことも必要だ。

⑦ 合宿中は、外出の□（きょ）可（か）☞p.7をもらえない。

⑧ 入浴は、□□（けつえき）のじゅんかんをよくする。

③「うつす」には「写す」「映（うつ）す」もあります。区別して使いましょう。

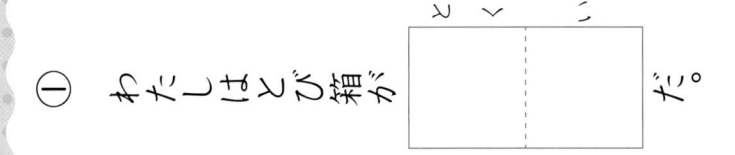

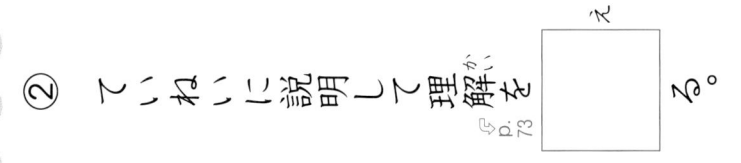

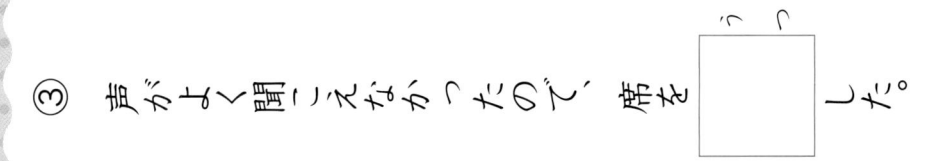

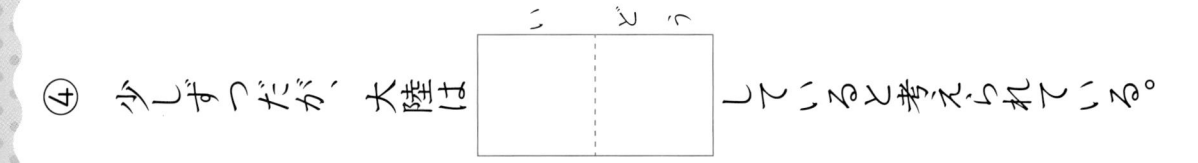

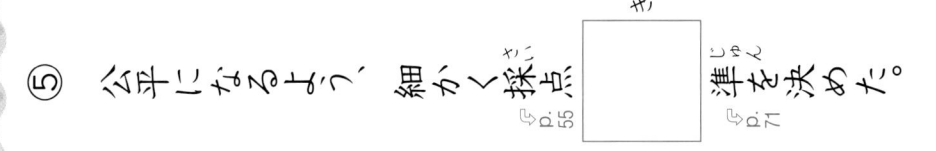

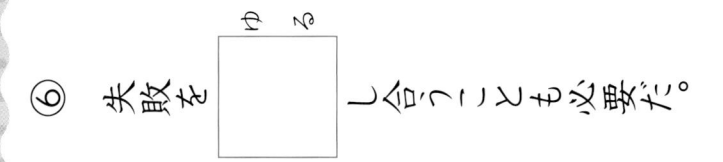

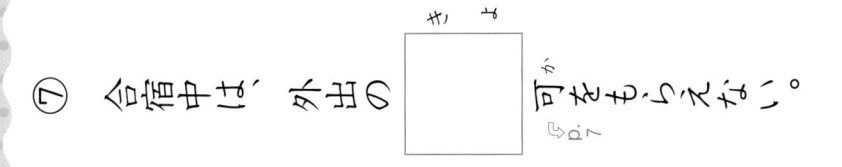

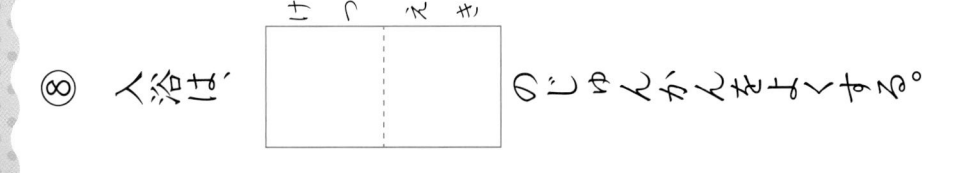

26 きほんのドリル

11画 眼・寄・規・現・経

目標時間 15分　月　日　名前　合格80点　/100点

書いて覚えよう！

眼（「民」としない）11画
- おん：ガン（ゲン）
- くん：（まなこ）
- 言葉：眼科（がんか）　着眼（ちゃくがん）　老眼鏡（ろうがんきょう）
- 部首：目（めへん）

寄（長く）11画
- おん：キ
- くん：よる　よせる
- 言葉：寄付（きふ）　近寄る（ちかよる）　引き寄せる（ひきよせる）
- 部首：宀（うかんむり）

規（上にはねる）11画
- おん：キ
- 言葉：規則（きそく）　規制（きせい）　規定（きてい）　定規（じょうぎ）
- 部首：見（みる）

現（上にはねる）11画
- おん：ゲン
- くん：あらわれる　あらわす
- 言葉：表現（ひょうげん）　現在（げんざい）　月が現れる（つきがあらわれる）
- 部首：王（おうへん・たまへん）

経（はらう）11画
- おん：ケイ（キョウ）
- くん：へる
- 言葉：経過（けいか）　経験（けいけん）　月日を経る（つきひをへる）
- 部首：糸（いとへん）

1 読みがなを書いてから、なぞりなさい。　20点（一つ4）

① 眼科（　　）
② 近寄る（　　）
③ 規則（　　）
④ 現れる（　　）
⑤ 経る（　　）

2 □にあてはまる漢字を書きなさい。

80点（一つ10）

① 目をきずつけたので□□（がんか）へ行った。

② □□（ちかよ）ると、思ったよりキリンは大きかった。

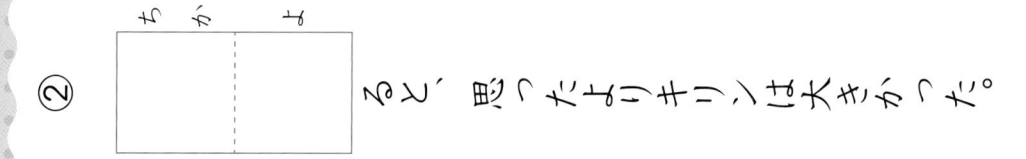

③ アフリカの学校にノートを□□（きふ）した。

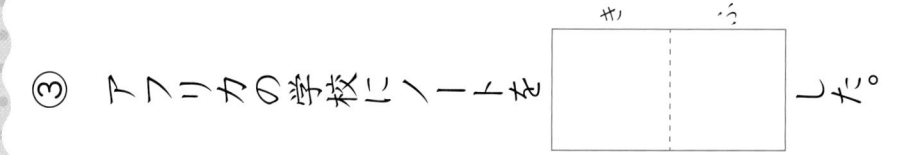

④ 休み中も、□（き）則（そく）正しい生活をしよう。 p.35

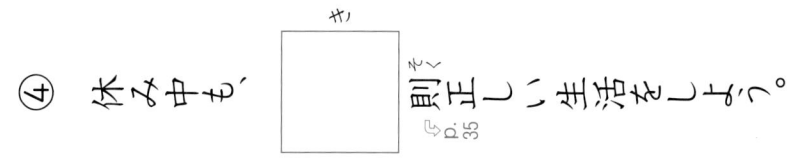

⑤ トンネルを出ると美しい風景が□（あらわ）れた。

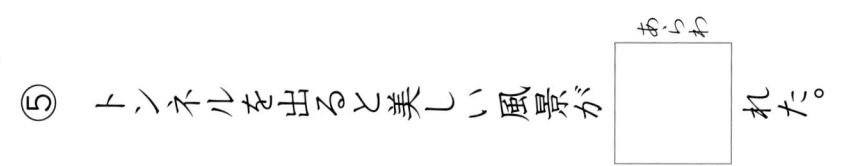

⑥ □（げん）在（ざい）は過去（かこ）と未来をつないでいる。 p.13 p.67

⑦ この小さな木も、月日を□（へ）て大木となるだろう。

⑧ 失敗は、よい□□（けいけん）となることが多い。

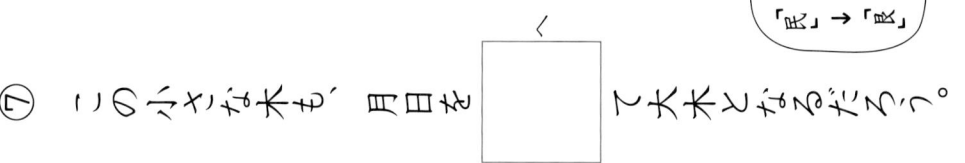

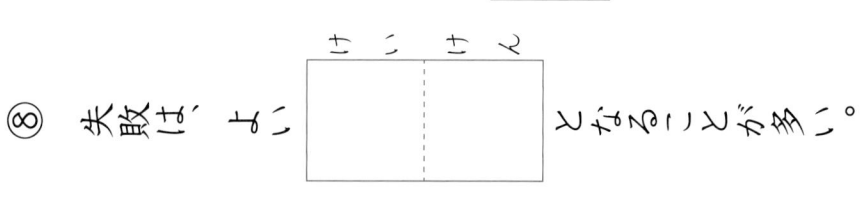

①「がん」の
右側の部分は
「民」でなく、
「艮」だよ。
×「民」→○「艮」

⑦の「月日をへる」は、「月日がたつ」という意味です。

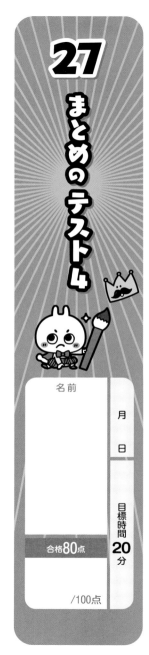

27 まとめのテスト4

名前　月　日　目標時間20分　合格80点　/100点

1 ——の漢字の読みがなを書きなさい。　48点(一つ4)

① 種をまく前に畑を耕（　）す。

② ヨットを港の中にロープで留（　）めた。

③ 規則（　）を平気で破（　）るような人は、絶(ぜっ)対に許（　）せません。

④ 新しい造船所（　）が港の近くにできた。

⑤ 重要文化財（　）を、くわしく調べる。

⑥ 個人（　）の所有している耕地（　）を国が借りる。

⑦ 炭もダイヤモンドも炭素（　）からできている。

⑧ バスが目の前で停車（　）した。

⑨ 妹には絵の才能（　）がある。

2 □にあてはまる漢字を書きなさい。

52点（一つ4）

① クラス全員の同意を□(え)る。

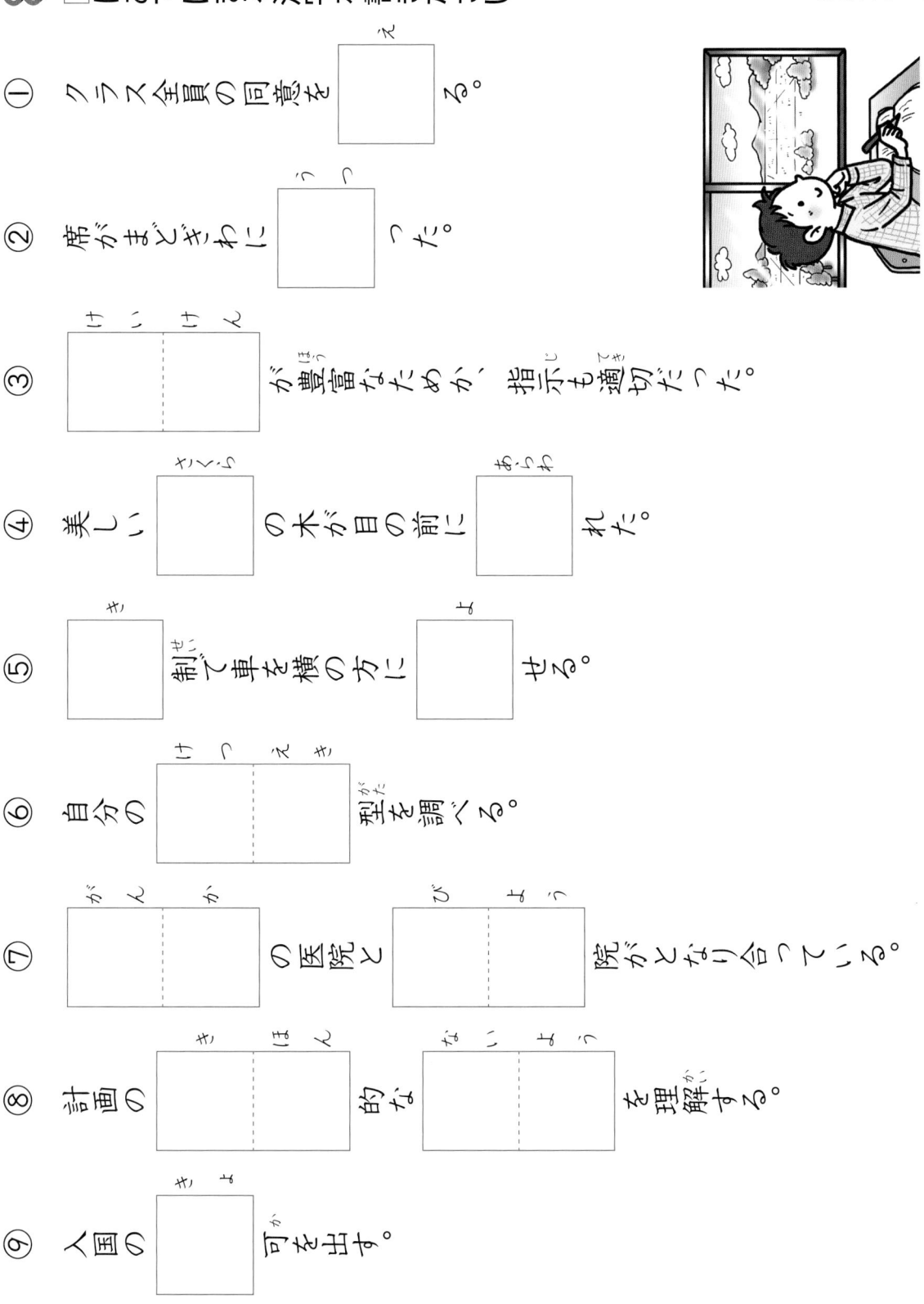

② 席がまどぎわに□(うつ)った。

③ □□(けいけん)が豊富(ほう)なためか、指示(じ)も適切(てき)だった。

④ 美しい□(さくら)の木が目の前に□(あらわ)れた。

⑤ □(き)制(せい)で車を横の方に□(よ)せる。

⑥ 自分の□□(けつえき)型(がた)を調べる。

⑦ □□(がんか)の医院と□□(びよう)院がとなり合っている。

⑧ 計画の□□(きほん)的な□□(ないよう)を理解(かい)する。

⑨ 入国の□(きょ)可(か)を出す。

きほんのドリル

28 11画 常・険・混・張・接

目標時間15分　月　日　名前　合格80点　/100点

書いて覚えよう！

常（11画）
おん：ジョウ　くん：つね（とこ）
とめる
言葉：常識（じょうしき）　日常（にちじょう）　常日ごろ（つねひ）
部首：巾（はば）

険（11画）
おん：ケン　くん：けわしい
出ない
言葉：険悪（けんあく）　危険（きけん）　道が険しい（みち・けわ）
部首：阝（こざとへん）

混（11画）
おん：コン　くん：まじる　まざる　まぜる　こむ
上にはねる
言葉：混戦（こんせん）　混雑（こんざつ）　油が混ざる（あぶら・ま）　混む（こ）
部首：氵（さんずい）

張（11画）
おん：チョウ　くん：はる
はねる
言葉：主張（しゅちょう）　ロープを張る（は）
部首：弓（ゆみへん）

接（11画）
おん：セツ　くん：（つぐ）
はねる
言葉：直接（ちょくせつ）　応接間（おうせつま）　接する（せっ）
部首：扌（てへん）

1 読みがなを書いてから、なぞりなさい。
20点（一つ4）

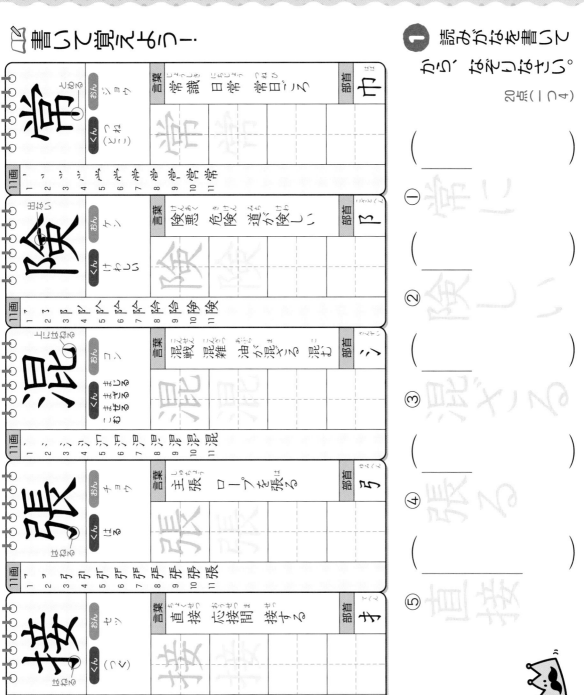

①（　　　）常に
②（　　　）険しい
③（　　　）混ざる
④（　　　）張る
⑤（　　　）直接

2 □にあてはまる漢字を書きなさい。 80点（一つ10）

① □□（つね／ひ）ごろから体をきたえている。

② けい察は□（けわ）しい声で問いつめた。

③ 池での水遊びは、き□（けん）なので禁止（きんし）されている。 ☞p.69

④ 水と油は、よく□（ま）ざらない。

⑤ 朝の電車は、いつも□（こ）んでいる。

⑥ バケツに□（は）った水が氷になっていた。

⑦ ときには、意見を強く□□（しゅ／ちょう）することも必要だ。

⑧ 手紙ではなく、□□（ちょく／せつ）話すことにした。

① 「ツ」を「シ」と書かないように気をつけよう。

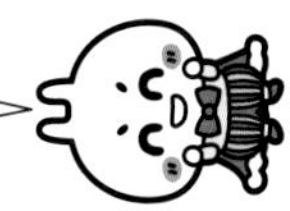

③「けん」には、「験」「険」「検」などがあります。③にはどれが入るでしょうか。

29 きほんのドリル

11画 断・情・責・婦・採

名前　月　日　目標時間 15分　合格80点　/100点

書いて覚えよう！

断（とめる）
- おん：ダン
- くん：（たつ）、ことわる
- 言葉：判断（はんだん）、油断（ゆだん）、参加（さんか）を断（ことわ）る
- 部首：斤（おのづくり）
- 11画

情（はねる）
- おん：ジョウ（セイ）
- くん：なさけ
- 言葉：心情（しんじょう）、情景（じょうけい）、情（なさ）け深（ぶか）い
- 部首：忄（りっしんべん）
- 11画

責（長く）
- おん：セキ
- くん：せめる
- 言葉：責任（せきにん）、失敗（しっぱい）を責（せ）める
- 部首：貝（こがい）
- 11画

婦（出ない）
- おん：フ
- 言葉：婦人服（ふじんふく）、主婦（しゅふ）
- 部首：女（おんなへん）
- 11画

採（「釆」としない）
- おん：サイ
- くん：とる
- 言葉：採集（さいしゅう）、採決（さいけつ）、採点（さいてん）、山菜採（さんさいと）り
- 部首：扌（てへん）
- 11画

1 読みがなを書いてから、なぞりなさい。 20点（一つ4）

① 断る（　　）
② 情け（　　）
③ 責める（　　）
④ 婦人（　　）
⑤ 採る（　　）

2 □にあてはまる漢字を書きなさい。

80点(一つ10)

① よく考えてから判(はん)[だん]しても、おそくはない。 p.21⇦

② [なさ]けは人のためならず。

③ 春の[じょう | けい]を詩に書く。

④ 他人の欠点やあやまちを[せ]めるのはやめよう。

⑤ [せき]任(にん)をもってこの委員をやりたい。 ☞p.13

⑥ 母は[ふ | じん | ふく]売り場で買い物をしている。

⑦ この部屋は、大きなまどから明かりを[と]っている。

⑧ 草花を[さい | しゅう]して研究する。

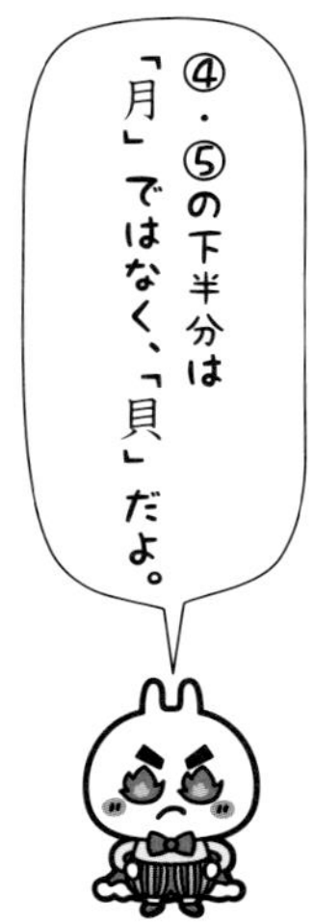

④・⑤の下半分は「月」ではなく、「貝」だよ。

② 「なさけ」は、「なさーけ」と送りがながつきます。一字で「なさけ」とは読まないので注意しましょう。

11画 授・術・設・貧・務

月	日
目標時間 15分	名前
合格80点	/100点

書いて覚えよう！

授（11画）はらう
- おん：ジュ
- くん：（さずける）（さずかる）
- 言葉：授業（じゅぎょう）　授賞（じゅしょう）　教授（きょうじゅ）
- 部首：扌（てへん）

術（11画）とめる
- おん：ジュツ
- 言葉：技術（ぎじゅつ）　手術（しゅじゅつ）　美術館（びじゅつかん）
- 部首：行（ぎょうがまえ／ゆきがまえ）

設（11画）上にはねる
- おん：セツ
- くん：もうける
- 言葉：建設（けんせつ）　設計（せっけい）　会場（かいじょう）を設（もう）ける
- 部首：言（ごんべん）

貧（11画）「今」としない
- おん：ビン（ヒン）
- くん：まずしい
- 言葉：貧（びん）ぼう　貧（まず）しい生活（せいかつ）
- 部首：貝（かい／こがい）

務（11画）はねる
- おん：ム
- くん：つとめる　つとまる
- 言葉：任務（にんむ）　義務（ぎむ）　司会（しかい）を務（つと）める　務（つと）まる
- 部首：力（ちから）

1 読みがなを書いてから、なぞりなさい。　20点（一つ4）

①（　　）授業
②（　　）技術
③（　　）設ける
④（　　）貧しい
⑤（　　）務める

2 □にあてはまる漢字を書きなさい。

① □□(じゅぎょう)の時間わりを作るのに、パソコンを使った。

② この曲をひくには、高度な技(ぎ)□(じゅつ)が必要だ。 p.17

③ 出張(ちょう)所を□(もう)けて、便利になった。 p.53

②六画目と七画目は五画目からはなして書こう。

④ 平和な国家を□□(けんせつ)するのが第一の目標だ。

⑤ 心が□(まず)しい人にはなるまい。

⑥ □(びん)ぼうに負けずに生活をする。

⑦ 発表会の司会を□(つと)める。

⑦・⑧は、五画目の「ノ」をわすれないようにしよう。

⑧ □□(じむ)用のノートを買うようにたのまれた。

⑤・⑥の漢字の上半分は「今」とまちがえやすいので注意しましょう。

31 きほんのドリル

11画・12画　率・略・喜・象・貯

月　日　目標時間 15分

名前　合格80点　/100点

書いて覚えよう！

率（とめる）
- おん：リツ・ソツ
- くん：ひきいる
- 言葉：倍率（ばいりつ）　比率（ひりつ）　能率（のうりつ）　群（む）れを率（ひき）いる
- 部首：玄（げん）
- 11画

略（「又」としない）
- おん：リャク
- 言葉：省略（しょうりゃく）　略（りゃく）する　略字（りゃくじ）
- 部首：田（た）
- 11画

喜（短く）
- おん：キ
- くん：よろこぶ
- 言葉：喜色満面（きしょくまんめん）　勝利（しょうり）を喜（よろこ）ぶ
- 部首：口（くち）
- 12画

象（はらう）
- おん：ゾウ・ショウ
- 言葉：現象（げんしょう）　気象台（きしょうだい）　動物園（どうぶつえん）の象（ぞう）
- 部首：豕（いのこ）
- 12画

貯（たてに）
- おん：チョ
- 言葉：貯金（ちょきん）　貯水池（ちょすいち）
- 部首：貝（かいへん）
- 12画

1 読みがなを書いてから、なぞりなさい。　20点（一つ4）

① 率いる（　　）
② 省略（　　）
③ 喜ぶ（　　）
④ 現象（　　）
⑤ 貯金（　　）

2 □にあてはまる漢字を書きなさい。

80点（一つ10）

① 生徒を□（ひき）いてテレビ工場を見学する。

② 能（のう）□（りつ）よく作業が進むように、計画をしっかり立てる。 p.43

③ くわしい説明は□□（しょうりゃく）する。

④ チームの勝利を□（よろこ）ぶ。

⑤ 明日の天気を□□□（きしょうだい）に問い合わせる。

⑥ 動物園で□（ぞう）の赤ちゃんが生まれる。

⑦ お年玉は、毎年□□（ちょきん）している。

⑧ 雨がふらないので、□□□（ちょすいち）の水が減（へ）ってきた。 p.65

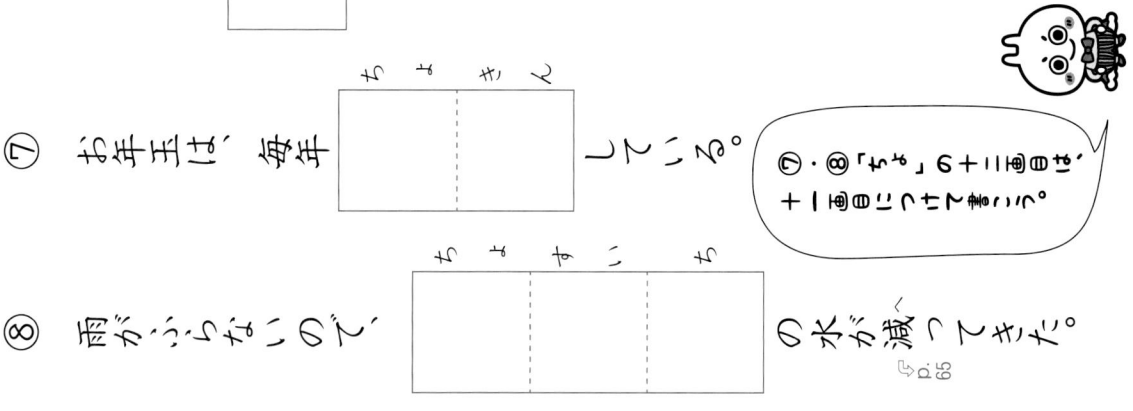

⑦・⑧「ちょ」の十二画目は、十一画目につけて書こう。

①・②と似（に）た漢字に「卒」（卒業）があります。区別して覚えましょう。

32 きほんのドリル

12画 費・営・検・絶・測

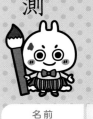

名前　月　日　目標時間 15分　合格80点　/100点

書いて覚えよう！

費（はらう）12画
おん：ヒ
くん：（ついやす）（ついえる）
言葉：消費（しょうひ）　費用（ひよう）
部首：貝（かい・こがい）

営（大きく）12画
おん：エイ
くん：いとなむ
言葉：営業（えいぎょう）　国営（こくえい）　生活（せいかつ）を営（いとな）む
部首：⺍（つかんむり）

検（出ない）12画
おん：ケン
言葉：検査（けんさ）　検算（けんざん）　点検（てんけん）
部首：木（きへん）

絶（上にはねる）12画
おん：ゼツ
くん：たえる　たやす　たつ
言葉：絶対（ぜったい）　絶望（ぜつぼう）　消息（しょうそく）が絶（た）える
部首：糸（いとへん）

測（はねる）12画
おん：ソク
くん：はかる
言葉：観測（かんそく）　測量（そくりょう）　身長（しんちょう）を測（はか）る
部首：氵（さんずい）

1 読みがなを書いてから、なぞりなさい。 20点（一つ4）

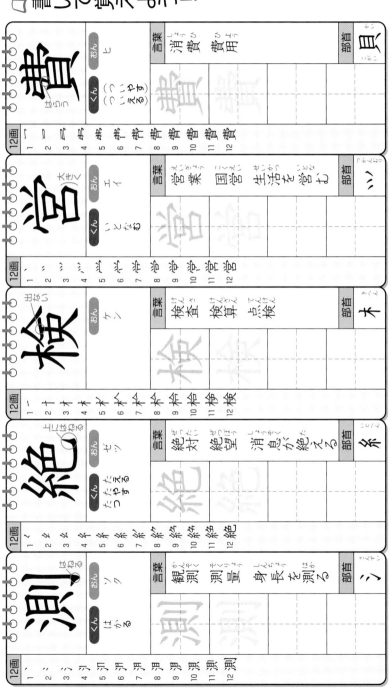

① 費用（　　）
② 営む（　　）
③ 検査（　　）
④ 絶える（　　）
⑤ 測る（　　）

2 □にあてはまる漢字を書きなさい。

80点（一つ10）

① お楽しみ会の□□（ひよう）を計算する。

② だれもが、社会生活を□（いとな）んでいる。

③ 深夜も□□（えいぎょう）するお店が多くなっている。

④ 川の水質（しつ）□□（けん）査（さ）を行う。 ☞p.89 ☞p.33

⑤ 昔の行事も、今はすっかり□（た）えてしまった。

⑥ 母はいつも笑顔（えがお）を□（た）やさない。

⑦ 王の命令は□□（ぜったい）だと思われていた。

⑧ 学校で天体□□（かんそく）をする。

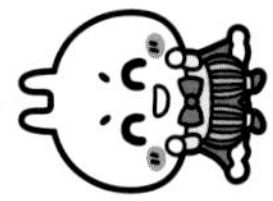

①「乛」の部分は一画で書くよ。

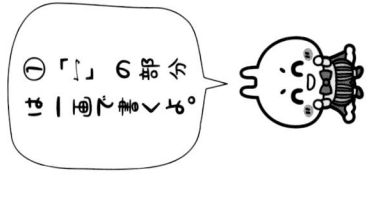

② 「いとなむ」の送りがなは「いとな−む」です。「いと−なむ」と書かないように注意しましょう。

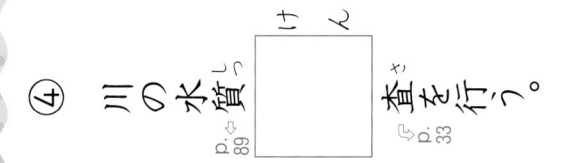

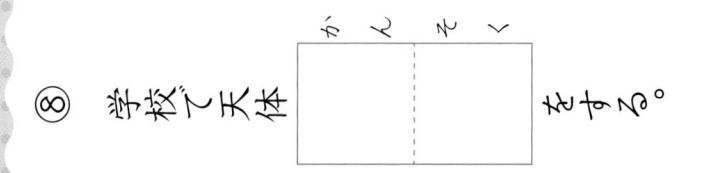

33 まとめのテスト5

名前　　月　日　目標時間20分　合格80点　/100点

1 ――の漢字の読みがなを書きなさい。　48点（一つ4）

① 草花の 採集。

② 国語の 授業 を受ける。

③ 情 け深い人。

④ ガンの群れを 率 いる。

⑤ 常 に 情景 を思いうかべながら詩を読みましょう。

⑥ 営業 所の所長を 務 める。

⑦ 姉に 直接 お話しください。

⑧ 昔から比（くら）べると、働く 婦人 がとても多くなっている。

⑨ 貧 しかったので、努力して 貯金 した。

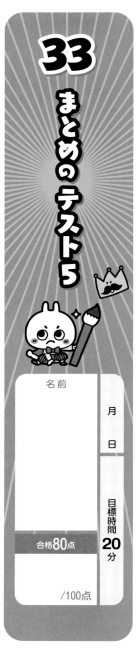

2 □にあてはまる漢字を書きなさい。

52点（一つ4）

① 社会生活を□（いとな）む。

② マンションの□□（けんせつ）が始まる。

③ □□□（びじゅつかん）にさそわれて□（よろこ）ぶ。

④ 今年は、新年のあいさつを□□（しょうりゃく）しました。

⑤ □□（けんさ）が必要だと□□（はんだん）する。

⑥ □（ぞう）の体長を□（はか）る。

⑦ き□（けん）を表すロープが□（は）られている。

⑧ □（た）え間なく水がわき出てきた。

⑨ □□（せきにん）ある立場になる。

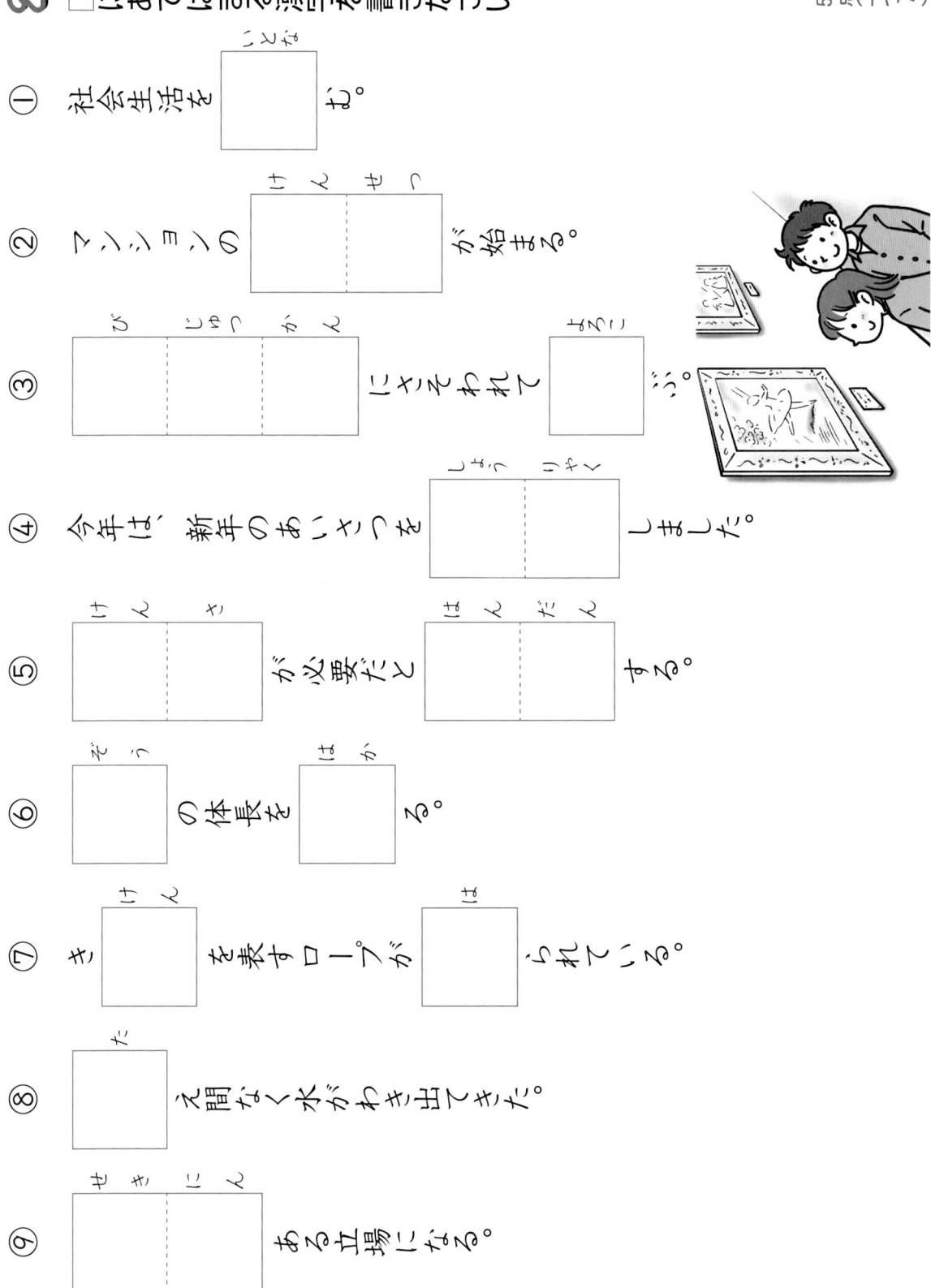

34 きほんのドリル

12画
貸・属・減・証・提

名前　　月　日　目標時間 15分　合格80点　/100点

書いて覚えよう！

貸（12画）
- おん：（タイ）
- くん：かす
- 言葉：本(ほん)を貸(か)す　貸(か)し借(か)り
- 部首：貝（かい・こがい）
- 上にはねる

属（12画）
- おん：ゾク
- 言葉：所属(しょぞく)　金属(きんぞく)　付属(ふぞく)
- 部首：尸（かばね・しかばね）
- はねる

減（12画）
- おん：ゲン
- くん：へる　へらす
- 言葉：減少(げんしょう)　加減(かげん)　体重(たいじゅう)が減(へ)る
- 部首：氵（さんずい）
- はねる

証（12画）
- おん：ショウ
- 言葉：証明(しょうめい)　証人(しょうにん)　保証(ほしょう)
- 部首：言（ごんべん）
- 長く

提（12画）
- おん：テイ
- くん：（さげる）
- 言葉：提示(ていじ)　提出(ていしゅつ)　提案(ていあん)する
- 部首：扌（てへん）
- はねる

1 読みがなを書いてから、なぞりなさい。
20点(一つ4)

①貸す（　　）
②所属（　　）
③減る（　　）
④証明（　　）
⑤提出（　　）

2 □にあてはまる漢字を書きなさい。　80点（一つ10）

① 子ども会のために、ぜひ力を□（か）してください。

② 音楽クラブと科学クラブの両方に□□（しょぞく）している。

③ □□（ふぞく）のねじを使って組み立てる。

④ テレビを見る時間を□（へ）らして、読書の時間を多くする。

⑤ 交通事故の□□（げんしょう）は喜（よろこ）ばしい。（☞p.33）（☞p.59）

④・⑤は、十二画目の「こ」をわすれないようにしよう。

⑥ きみが家にいたことは、ぼくが□□（しょうめい）できる。

⑦ 明日までに作文を□□（ていしゅつ）しなければならない。

⑧ □□（ていあん）理由を説明する。

②の「しょぞく」は、団体（だんたい）や組織（そしき）・グループの一員になることをいいます。

35 きほんのドリル

12画 統・過・税・程・備

名前　月　日　目標時間 15分　合格80点　/100点

書いて覚えよう！

統（12画）
上にはねる
おん：トウ
くん：（すべる）
言葉：伝統工業（でんとうこうぎょう）　統一（とういつ）　統計（とうけい）
部首：糸（いとへん）
筆順：1 く 2 幺 3 幺 4 糸 5 糸 6 糸 7 糸 8 紅 9 紅 10 紘 11 統 12 統

過（12画）
はねる
おん：カ
くん：すぎる　すごす　（あやまつ）（あやまち）
言葉：経過（けいか）　通過（つうか）　過去（かこ）　夏が過ぎる（なつがすぎる）
部首：辶（しんにょう・しんにゅう）
筆順：1 丨 2 冂 3 冂 4 冂 5 冎 6 冎 7 咼 8 咼 9 咼 10 咼 11 過 12 過

税（12画）
上にはねる
おん：ゼイ
言葉：消費税（しょうひぜい）　課税（かぜい）　減税（げんぜい）
部首：禾（のぎへん）
筆順：1 ノ 2 二 3 千 4 禾 5 禾 6 禾 7 禾 8 禾 9 税 10 税 11 税 12 税

程（12画）
とめる
おん：テイ
くん：（ほど）
言葉：過程（かてい）　日程（にってい）　程度（ていど）
部首：禾（のぎへん）
筆順：1 ノ 2 二 3 千 4 禾 5 禾 6 和 7 和 8 和 9 程 10 程 11 程 12 程

備（12画）
「冊」としない
おん：ビ
くん：そなえる　そなわる
言葉：準備（じゅんび）　台風に備える（たいふうにそなえる）
部首：亻（にんべん）
筆順：1 ノ 2 亻 3 亻 4 仕 5 仕 6 供 7 併 8 併 9 備 10 備 11 備 12 備

1 読みがなを書いてから、なぞりなさい。　20点（一つ4）

① 伝統（　　）
② 過ぎる（　　）
③ 消費税（　　）
④ 過程（　　）
⑤ 備える（　　）

2 □にあてはまる漢字を書きなさい。

80点（一つ10）

① お祭りは、日本(にほん)の□□□□(でんとうぎょうじ)である。

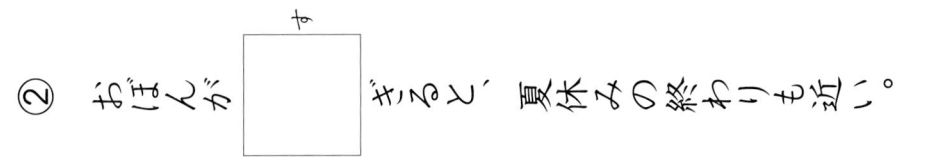

② おぼんが□(す)ぎると、夏休みの終わりも近い。

③ お元気でお□(す)ごしですか。

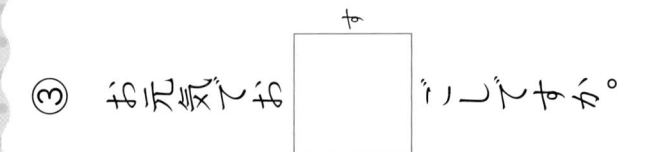

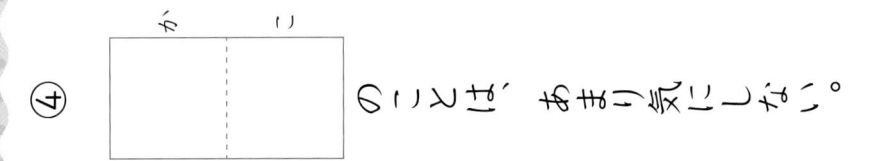

④ □□(かこ)のことは、あまり気にしない。

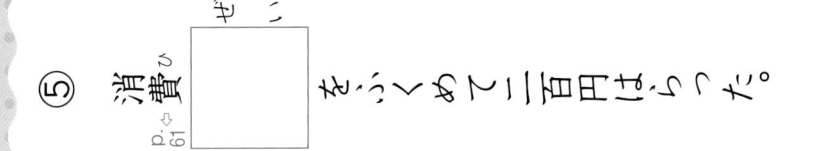

⑤ 消費(ひ)□(ぜい)をふくめて二百円はらった。 p.61

⑥ 動物の進化の□□(かてい)を研究する。

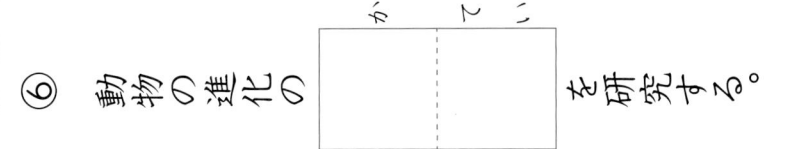

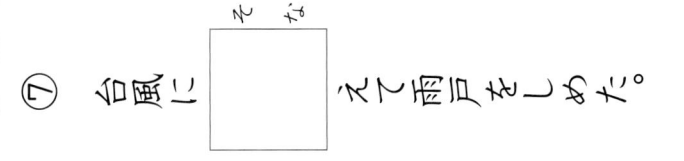

⑦ 台風に□(そな)えて雨戸をしめた。

⑧ みんなで運動会の準(じゅん)□(び)をした。 p.71

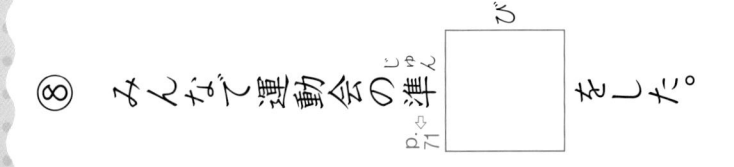

⑦「そなえる」は、「前もって用意する」という意味です。

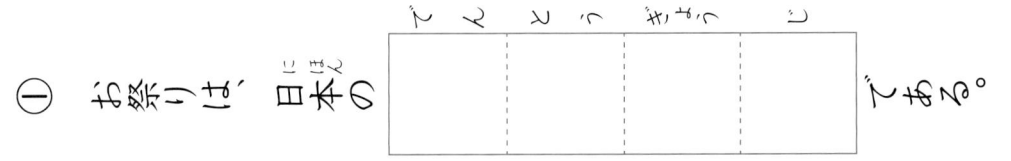

36 きほんのドリル

12画・13画
評・復・報・貿・禁

月　日	目標時間 15分
名前	合格80点　/100点

書いて覚えよう!

漢字	注意	読み	言葉	部首	画数
評	長く	おん ヒョウ	評価(ひょうか)　評判(ひょうばん)	言(ごんべん)	12画
復	「夂」にしない	おん フク	往復(おうふく)　回復(かいふく)　反復(はんぷく)　復旧(ふっきゅう)	彳(ぎょうにんべん)	12画
報	はねる	おん ホウ　くん (むくいる)	報告(ほうこく)　情報(じょうほう)　広報(こうほう)　予報(よほう)	土(つち)	12画
貿	はねる	おん ボウ	貿易(ぼうえき)　貿易港(ぼうえきこう)　貿易額(ぼうえきがく)	貝(かい・こがい)	12画
禁	出ない	おん キン	禁止(きんし)　解禁(かいきん)　遊泳(ゆうえい)を禁(きん)じる	示(しめす)	13画

1 読みがなを書いてから、なぞりなさい。 20点(一つ4)

① 評価（　　　）
② 往復（　　　）
③ 報告（　　　）
④ 貿易（　　　）
⑤ 禁止（　　　）

2 □にあてはまる漢字を書きなさい。

80点（一つ10）

① この作品は、高い□（ひょう）価を得ている。 p.23 p.47

② □（ひょう）判のよいレストランで食事をする。 p.21

③ 往□（ふく）とも歩いて音楽会へ行った。 p.23

④ 実験の結果を□（ほう）告する。 p.13

⑤ 現代は、情□（ほう）があふれている。 p.49 p.55

⑥ 日本の□（ぼう）易について調べる。 p.21

⑦ この海岸は□□□□（ゆうえいきんし）だ。

⑧ ろうかを走ることは□（きん）じられている。

③の「ふく」という音を持つ漢字には、③の漢字のほか、福・服・副・複などがあります。

13画 幹・罪・資・準・義

目標時間 15分　月　日　名前　合格80点　/100点

書いて覚えよう！

幹（とめる）
おん：カン　くん：みき
言葉：新幹線（しんかんせん）　幹事（かんじ）　木の幹（きのみき）
部首：干（いちじゅう・かん）

罪（「四」にしない）
おん：ザイ　くん：つみ
言葉：無罪（むざい）　犯罪（はんざい）　罪をつぐなう（つみをつぐなう）
部首：罒（あみがしら・あみめ）

資（はらう）
おん：シ
言葉：資料（しりょう）　資源（しげん）　資格（しかく）　資金（しきん）
部首：貝（かい・こがい）

準（長く）
おん：ジュン
言葉：基準（きじゅん）　準備（じゅんび）　水準（すいじゅん）
部首：氵（さんずい）

義（わすれずに）
おん：ギ
言葉：意義（いぎ）　講義（こうぎ）　義理（ぎり）　正義（せいぎ）
部首：羊（ひつじ）

1 読みがなを書いてから、なぞりなさい。　20点（一つ4）

① 木の幹（　　）
② 犯罪（　　）
③ 資料（　　）
④ 基準（　　）
⑤ 意義（　　）

2 □にあてはまる漢字を書きなさい。

① 子どものとき、よく木の□（みき）によじ登った。

② 京都（きょうと）へは東海道（とうかいどう）□□□（しんかんせん）で行った。

③ □（つみ）をにくんで人をにくまず。

④ 証（しょう）こ不十分で□□（むざい）に決まった。 ☞p.65

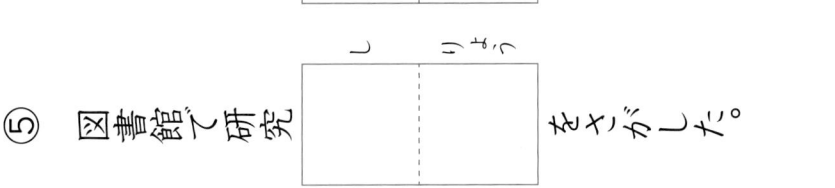

⑤ 図書館で研究□□（しりょう）をさがした。

⑥ 明石市（あかし）が、日本の時間の基（き）□（じゅん）となっている。 ⇦p.47

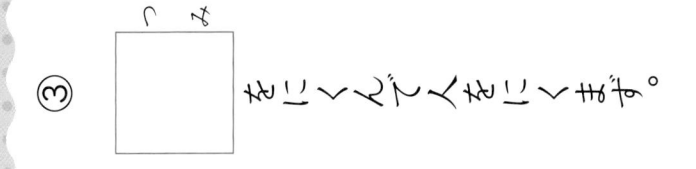

⑦ 父の死にあい、人生の□□（いぎ）を考えさせられた。

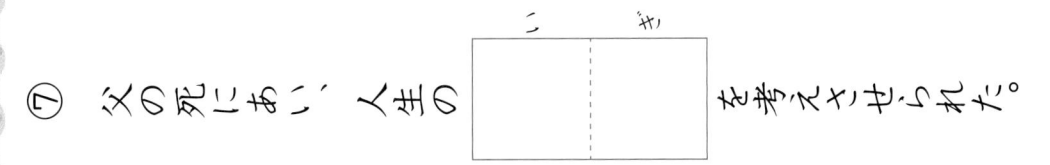

⑧ パーティーに□□（ぎり）で出席するはめになった。

③「つみ」の上のかんむりは、「四」ではなく「罒」だよ。
四 ×
↓
罒 ○

⑦⑧「ぎ」という音を持つ漢字には、「議」もあります。区別して覚えましょう。

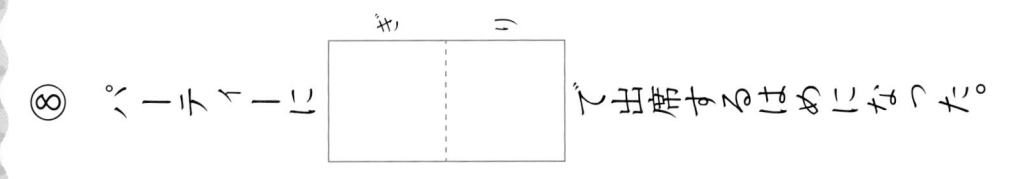

きほんのドリル

38 13画 飼・勢・解・鉱・墓

名前　　月　日　目標時間 15分　合格80点　/100点

書いて覚えよう！

飼（13画）
はねる
- おん：シ
- くん：かう
- 言葉：飼料（しりょう）　飼育（しいく）　犬（いぬ）を飼（か）う
- 部首：食（しょくへん）

勢（13画）
上にはねる
- おん：セイ
- くん：いきおい
- 言葉：勢力（せいりょく）　大勢（たいせい）　勢（いきお）いに乗（の）る
- 部首：力（ちから）

解（13画）
出ない
- おん：カイ（ゲ）
- くん：とく　とかす　とける
- 言葉：理解（りかい）　解決（かいけつ）　問題（もんだい）を解（と）く
- 部首：角（つのへん）

鉱（13画）
とめる
- おん：コウ
- 言葉：鉱石（こうせき）　金鉱（きんこう）　鉱物（こうぶつ）
- 部首：金（かねへん）

墓（13画）
長く
- おん：ボ
- くん：はか
- 言葉：墓地（ぼち）　墓前（ぼぜん）　墓石（ぼせき）　墓参（はかまい）り
- 部首：土（つち）

1 読みがなを書いてから、なぞりなさい。 20点（一つ4）

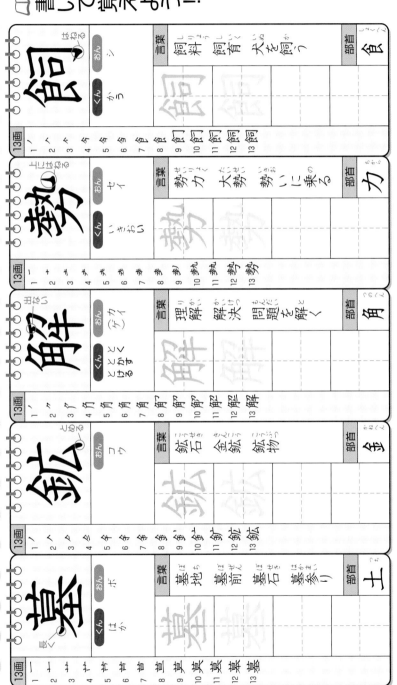

① 飼う（　　）
② 勢い（　　）
③ 解く（　　）
④ 鉱石（　　）
⑤ 墓（　　）

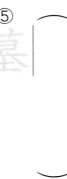

2 □にあてはまる漢字を書きなさい。

80点（一つ10）

① 学校でうさぎを□（か）っている。

② ぶたを□□（しいく）する。

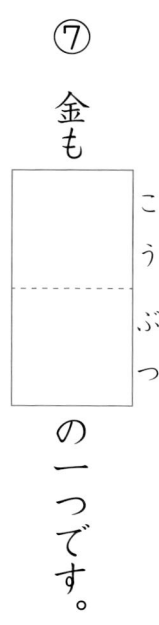

③ □（いきお）いよく水が、じゃ口から流れ出た。

④ □□（けいせい）が逆転（ぎゃく）して、試合に勝つ。 p.31

⑤ なぞが□（と）ける。

⑥ 時がすべてを□□（かいけつ）してくれた。

⑦ 金も□□（こうぶつ）の一つです。

⑧ お□（はか）に花をそなえた。

③下半分を「灬」とすると、
ちがう漢字になるので
気をつけよう。

⑧「はか」と似（に）た漢字に「暮」（暮（く）らす・暮（く）れる）、「幕」（幕（まく）を開ける）があります。二つとも六年で学習する漢字です。

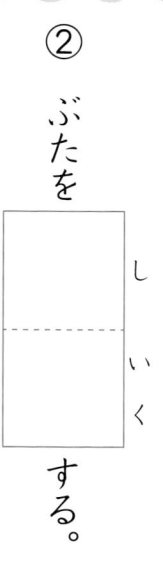

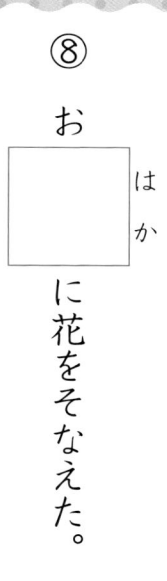

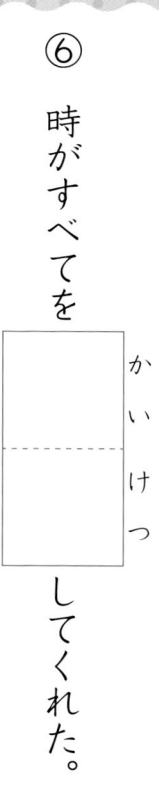

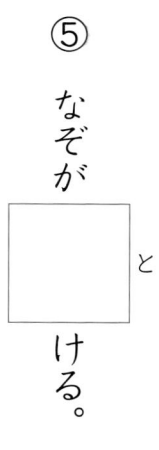

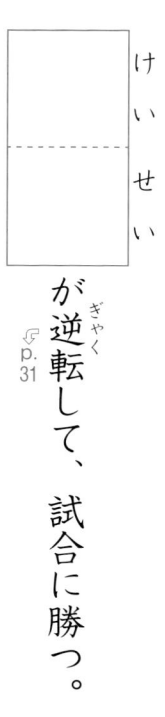

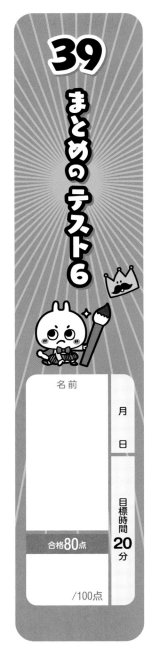

39 まとめのテスト6

名前

月　日

目標時間 20分

合格80点

/100点

1 ――の漢字の読みがなを書きなさい。　48点（一つ4）

① 人生の 意義。（　　　）

② 木の 幹（　　　） の皮をそめ物に利用する。

③ 台風に 備（　　　） える。

④ 江戸（えど）時代、罪人（　　　） の中には島流しにあった者もいた。

⑤ 貿易（えき）（　　　）赤字の 回復（　　　） に努力する。

⑥ 形勢（　　　） が有利になる方法を 提案（　　　） する。

⑦ 税金（　　　） をおさめるのは国民の務（つと）めだ。

⑧ あの 鉱山（　　　） ではさまざまな 金属（　　　） を産出します。

⑨ 校庭でうさぎを 飼育（　　　） している。

2 □にあてはまる漢字を書きなさい。

52点（一つ4）

① ちゅう車□□（きんし）の立て札。

② 発表の□□（しりょう）を整える。

③ □□（にってい）の変こうで、試合数が□□（げんしょう）した。

④ 全員の意見を□□（とういつ）する。

⑤ チームに□□（しょぞく）する者の人数を□□（ほうこく）する。

⑥ お金を□（か）したことを□□（しょうめい）する。

⑦ 毎年欠かさず□（はか）参りに来る。

⑧ □□（ていしゅつ）したレポートは□□（ひょうか）が高かった。

⑨ □□（かいけつ）するために、多くの時間と費（ひ）用を要した。

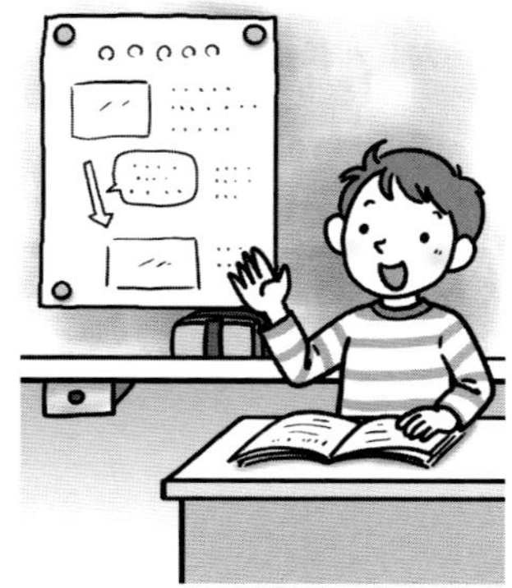

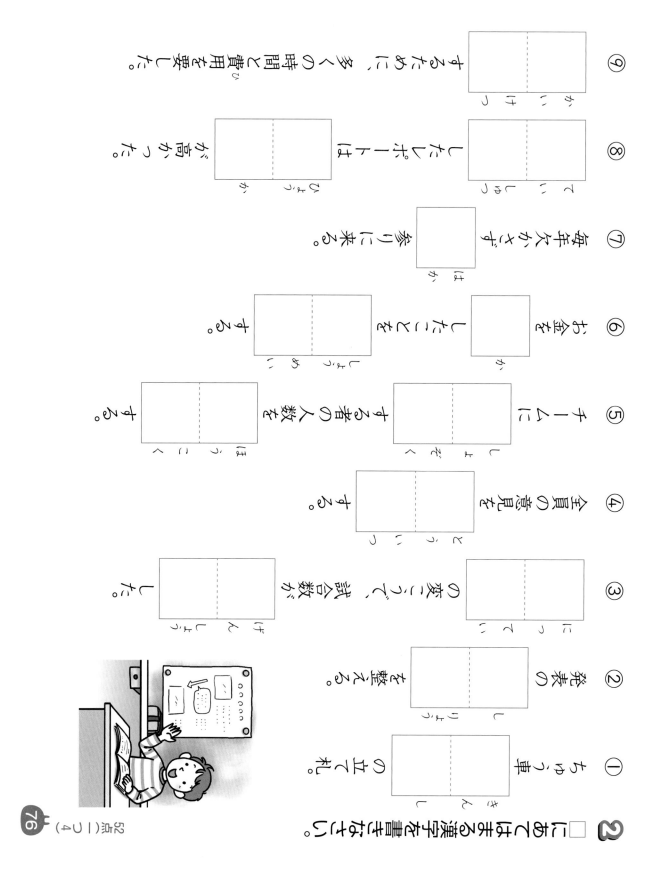

40 きほんのドリル

13画・14画

損・豊・夢・歴・演

名前　　月　日　目標時間 15分　合格80点　/100点

書いて覚えよう！

損（13画）「月」としない
- おん：ソン
- くん：（そこなう）（そこねる）
- 言葉：破損（はそん）　損得（そんとく）　損害（そんがい）
- 部首：扌（てへん）

豊（13画）長く
- おん：ホウ
- くん：ゆたか
- 言葉：豊富（ほうふ）　豊作（ほうさく）　豊かな社会（ゆたかなしゃかい）
- 部首：豆（まめ）

夢（13画）はねる
- おん：ム
- くん：ゆめ
- 言葉：夢中（むちゅう）　悪夢（あくむ）　夢を見る（ゆめをみる）
- 部首：夕（ゆうべ・た）

歴（14画）はらう
- おん：レキ
- 言葉：歴史（れきし）　歴代（れきだい）　経歴（けいれき）
- 部首：止（とめる）

演（14画）つける
- おん：エン
- 言葉：出演（しゅつえん）　演習（えんしゅう）　演説（えんぜつ）
- 部首：氵（さんずい）

1 読みがなを書いてから、なぞりなさい。 20点（一つ4）

① 損害（　　）
② 豊かな（　　）
③ 夢（　　）
④ 経歴（　　）
⑤ 出演（　　）

2 □にあてはまる漢字を書きなさい。

80点（一つ10）

① 台風で破（は）□（そん）した家の一部を直す。 p.43

② 水の□（ゆた）かな地方。

③ 今年はみかんが□□（ほうさく）だ。

④ □（ゆめ）の多い、少年、少女の時代。

⑤ 弟が□□（むちゅう）になって本を読んでいる。

⑥ 地いきの□（れき）史（し）を学ぶ。 p.7

⑦ ピアノを見事に□（えん）そうする。

⑧ 選挙に立候ほして、□□（えんぜつ）をする。

④「ゆめ」・⑤「む」の漢字の下の部分は「夕」が入ります。「タ」としないようにしましょう。

41 きほんのドリル

14画 構・慣・境・酸・精

名前　月　日　目標時間15分　合格80点　/100点

書いて覚えよう！

構（14画）
- 出る
- おん：コウ
- くん：かまえる、かまう
- 言葉：構成（こうせい）、機構（きこう）、店（みせ）を構（かま）える
- 部首：木（きへん）

慣（14画）
- 「母」としない
- おん：カン
- くん：なれる、ならす
- 言葉：習慣（しゅうかん）、慣用句（かんようく）、慣（な）れた手（て）つき
- 部首：忄（りっしんべん）

境（14画）
- 上にはねる
- おん：キョウ（ケイ）
- くん：さかい
- 言葉：国境（こっきょう）、境界（きょうかい）、生死（せいし）の境目（さかいめ）
- 部首：土（つちへん）

酸（14画）
- 「西」ではない
- おん：サン
- くん：（すい）
- 言葉：酸性雨（さんせいう）、酸味（さんみ）、酸素（さんそ）
- 部首：酉（とりへん）

精（14画）
- はねる
- おん：セイ（ショウ）
- 言葉：精神（せいしん）、精（せい）いっぱい、精（せい）を出（だ）す
- 部首：米（こめへん）

1 読みがなを書いてから、なぞりなさい。 20点（一つ4）

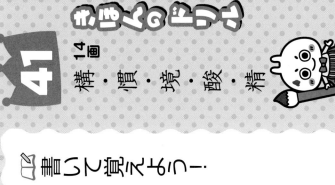

① 構える（　　）
② 慣れる（　　）
③ 境界（　　）
④ 酸性（　　）
⑤ 精神（　　）

2 □にあてはまる漢字を書きなさい。

① 駅前に大きな店を□（かま）えた。

② 委員会は五人で□□（こうせい）されています。

③ □（な）れた手つきで布（ぬの）を織（お）る。 ☞p.7 ☞p.93

④ 兄に□□（かんよう）句（く）の意味を教わった。 ☞p.9

⑤ 戦争を□（さかい）にして、人々の生活は一変した。

⑥ スポーツに□□（こっきょう）はない。

⑦ □（さん）素（そ）は、色もにおいもない気体である。 ☞p.43

⑧ □□（せいしん）を集中して取り組む。

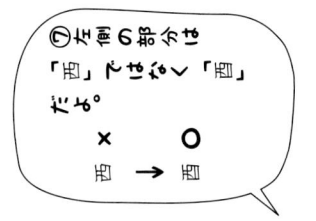

⑦左側の部分は「西」ではなく「酉」だよ。
西 ×
→ 酉 ○

①・②／③・④／⑤・⑥という組み合わせで同じ漢字を使います。①・③・⑤が訓読み、②・④・⑥が音読みです。

42 きほんのドリル

14画 製・総・際・銅・領

名前　月　日　目標時間15分　合格80点　/100点

書いて覚えよう！

漢字	読み	言葉	部首
製（14画）はねる	おん：セイ	製鉄所（せいてつじょ）　製造（せいぞう）　手製（てせい）	衣（ころも）
総（14画）はなす	おん：ソウ	総動員（そうどういん）　総合（そうごう）　総意（そうい）　総理大臣（そうりだいじん）	糸（いとへん）
際（14画）はねる	おん：サイ　くん：（きわ）	実際（じっさい）　国際交流（こくさいこうりゅう）　交際（こうさい）	阝（こざとへん）
銅（14画）はねる	おん：ドウ	銅貨（どうか）　銅像（どうぞう）　金銀銅（きんぎんどう）	金（かねへん）
領（14画）とめる	おん：リョウ	領土（りょうど）　頭領（とうりょう）　大統領（だいとうりょう）	頁（おおがい）

1 読みがなを書いてから、なぞりなさい。 20点（一つ4）

① 製造（　　）

② 総合（　　）

③ 実際（　　）

④ 銅貨（　　）

⑤ 領土（　　）

2 □にあてはまる漢字を書きなさい。

80点（一つ10）

① 商品の □（せい） 造年月日を調べる。 ☞p.43

② □□（そうごう） 的な開発計画をまとめる。

③ □□□□（こくさいこうりゅう） で外国をほう問する。

④ 友だちとの □□（こうさい） を大切にする。

⑤ □（どう） 像を建てる。 ☞p.83

⑥ □□□（きんぎんどう） のオリンピックのメダル。

⑦ となりの国との □□（りょうど） の問題。

⑧ 大統 □（りょう） は直接選挙で選ばれた。 p.67 ☞p.53

③・④は、「夕」の部分を「タ」と書かないようにしよう。
× タ → ○ 夕

①の「せい」と似た漢字に「制」（制作・制度）があります。

43 きほんのドリル

14画　雑・像・増・綿・態

月　日　目標時間 15分

名前　合格80点　/100点

書いて覚えよう！

雑（14画）
上にはねる
おん：ザツ、ゾウ
言葉：雑談（ざつだん）、混雑（こんざつ）、雑木林（ぞうきばやし）
部首：隹（ふるとり）

像（14画）
はねる
おん：ゾウ
言葉：現像（げんぞう）、想像（そうぞう）、仏像（ぶつぞう）
部首：亻（にんべん）

増（14画）
はらう
おん：ゾウ
くん：ます、ふえる、ふやす
言葉：増加（ぞうか）、増減（ぞうげん）、水が増す（みずがます）、人を増やす（ひとをふやす）
部首：土（つちへん）

綿（14画）
はねる
おん：メン
くん：わた
言葉：綿花（めんか）、綿織物（めんおりもの）、綿あめ（わたあめ）
部首：糸（いとへん）

態（14画）
「灬」としない
おん：タイ
言葉：実態（じったい）、堂々とした態度（どうどうとしたたいど）
部首：心（こころ）

1 読みがなを書いてから、なぞりなさい。　20点（一つ4）

①雑談（　　　）
②現像（　　　）
③増す（　　　）
④綿あめ（　　　）
⑤実態（　　　）

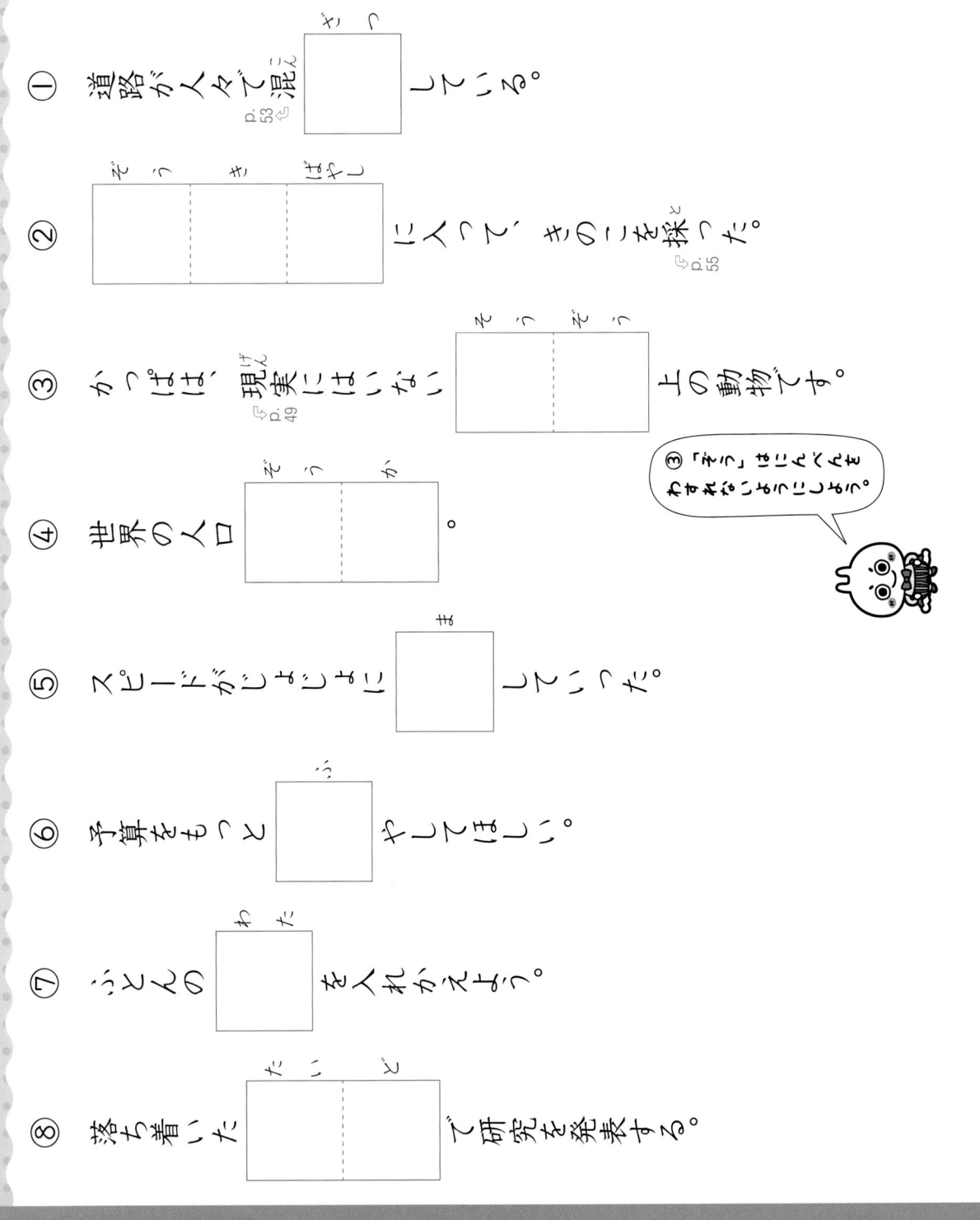

❷ □にあてはまる漢字を書きなさい。

80点（一つ10）

① 道路が人々で混（こん）［ざつ］している。 p.53

② ［ぞう］［き］［ばやし］に入って、きのこを採（と）った。 p.55

③ かっぱは、現（げん）実にはいない［そう］［ぞう］上の動物です。 p.49

④ 世界の人口［ぞう］［か］。

⑤ スピードがじょじょに［ま］していった。

⑥ 予算をもっと［ぶ］やしてほしい。

⑦ ふとんの［わた］を入れかえよう。

⑧ 落ち着いた［たい］［ど］で研究を発表する。

③「ぞう」はにんべんをわすれないようにしよう。

②・③・④に、同じ「ぞう」という音読みが出ています。意味を考えて区別しましょう。

44 きほんのドリル

14画・15画
適・複・賞・確・賛

目標時間 15分
月　日
名前
合格80点
/100点

書いて覚えよう！

適（14画）
はらう
おん：テキ
言葉：適切（てきせつ）　適度（てきど）　適応（てきおう）
部首：辶（しんにょう・しんにゅう）
筆順：1〜14　適

複（14画）
「ネ」としない
おん：フク
言葉：複雑（ふくざつ）　複合語（ふくごうご）　重複（ちょうふく（じゅうふく））
部首：衤（ころもへん）
筆順：1〜14　複

賞（15画）
はねる
おん：ショウ
言葉：観賞（かんしょう）　入賞（にゅうしょう）　賞金（しょうきん）
部首：貝（かい・こがい）
筆順：1〜15　賞

確（15画）
出ない
おん：カク
くん：たし-か　たし-かめる
言葉：正確（せいかく）　確率（かくりつ）　確かな情報（たしかなじょうほう）
部首：石（いしへん）
筆順：1〜15　確

賛（15画）
とめる
おん：サン
言葉：賛成（さんせい）　賛同（さんどう）　賛意（さんい）
部首：貝（かい・こがい）
筆順：1〜15　賛

1 読みがなを書いてから、なぞりなさい。
20点（一つ4）

① 適切（　　）
② 複雑（　　）
③ 賞金（　　）
④ 確かな（　　）
⑤ 賛成（　　）

80点（一つ10）

2 □にあてはまる漢字を書きなさい。

① 質問(しつもん)に□□(てきせつ)に答える。 ☞p.89

② ふろは、□□(てきど)に熱いくらいが好きだ。

③ □(ふく)雑(ざつ)に入り組んだ道に迷(まよ)う。 ☞p.83 ☞p.35

④ 「走り回る」は、「走る」と「回る」の□□□(ふくごうご)です。

⑤ 初出場で、五位に□□(にゅうしょう)した。

⑥ 時間を□(たし)かめる。

⑦ 集めたお金を□□(せいかく)に数える。

⑧ □□(さんせい)する方は、手を挙げてください。

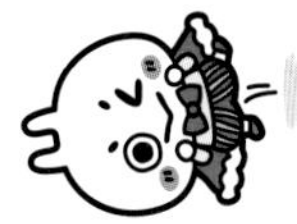

① ・ ②の「てき」と同音で、形の似(に)た漢字に「敵」があります。六年生で学習します。

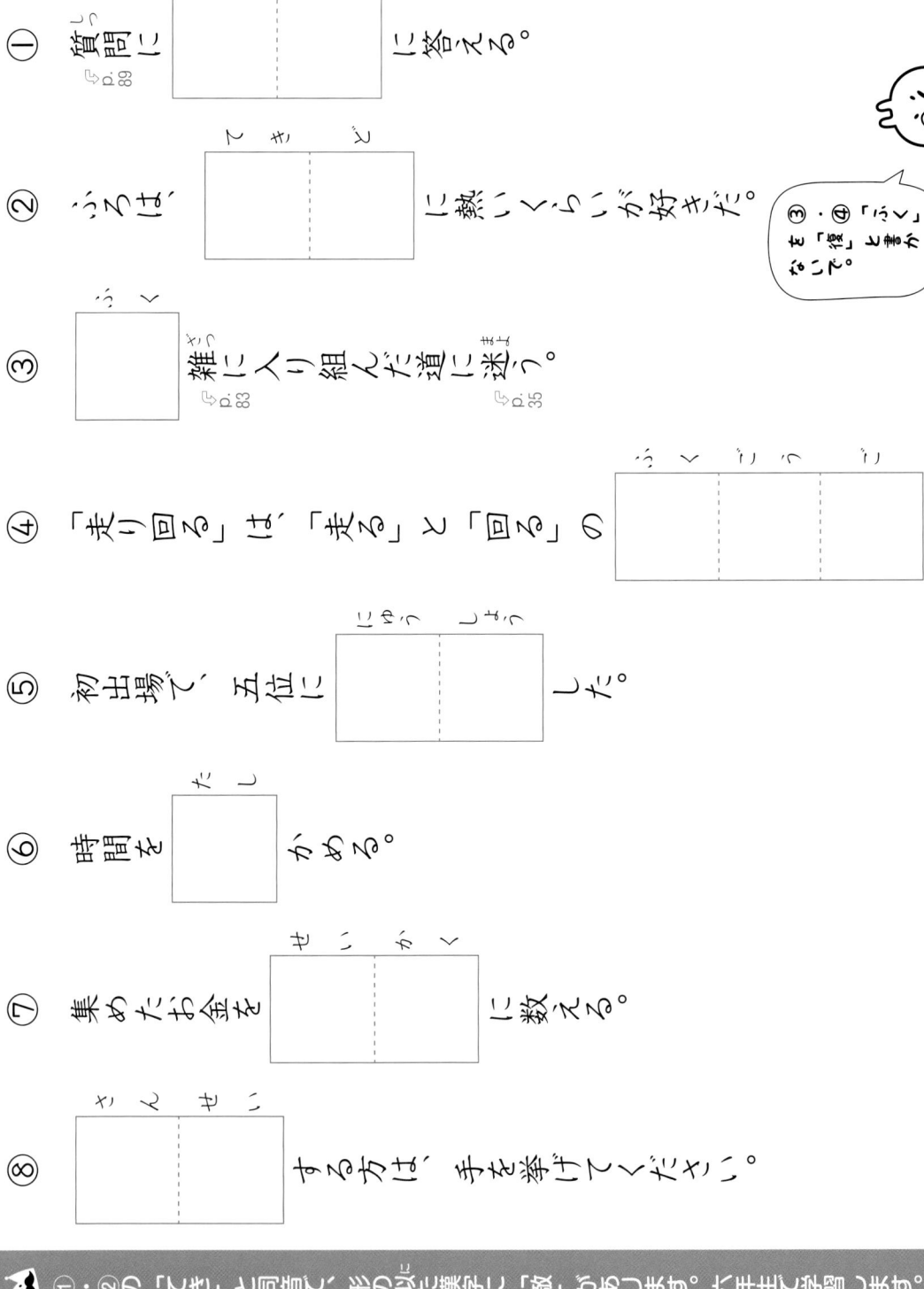

45 まとめのテスト7

名前　月　日　目標時間20分　合格80点　/100点

1 ――の漢字の読みがなを書きなさい。　48点(一つ4)

① 総合（　）的に考えて、的確（　）な意見だ。

② 領土（　）の問題について、国際（　）的な理解(かい)を得(え)る。

③ りっぱな銅像（　）が完成する。

④ 豊（　）かな雑木林（　）が広がっている。

⑤ 人数を五人増（　）やす。

⑥ 実態（　）を調査(さ)し、報告(ほうこく)する。

⑦ 綿（　）のような白い雲がうかんでいる。

⑧ 父は、毎朝の散歩を習慣（　）にしている。

⑨ 暑くも寒くもなく、快(かい)適（　）な気候だ。

2 □にあてはまる漢字を書きなさい。

52点（一つ4）

① □□（はそん）した部分を直すために、車をあずける。

② 表現（げん）の仕方や文章の□□（こうせい）をくふうして作文を書く。

③ □□（こっきょう）線近くに兵が集まっている。

④ □（さん）素の少ない高地での生活に、やっと□（な）れてきた。

⑤ □（せい）いっぱい努力し、目的をかなえた。

⑥ 国会で□□（えんぜつ）している□（ゆめ）を見た。

⑦ □□（ふくざつ）な□□（れきし）を乗りこえ、両国は和解（かい）した。

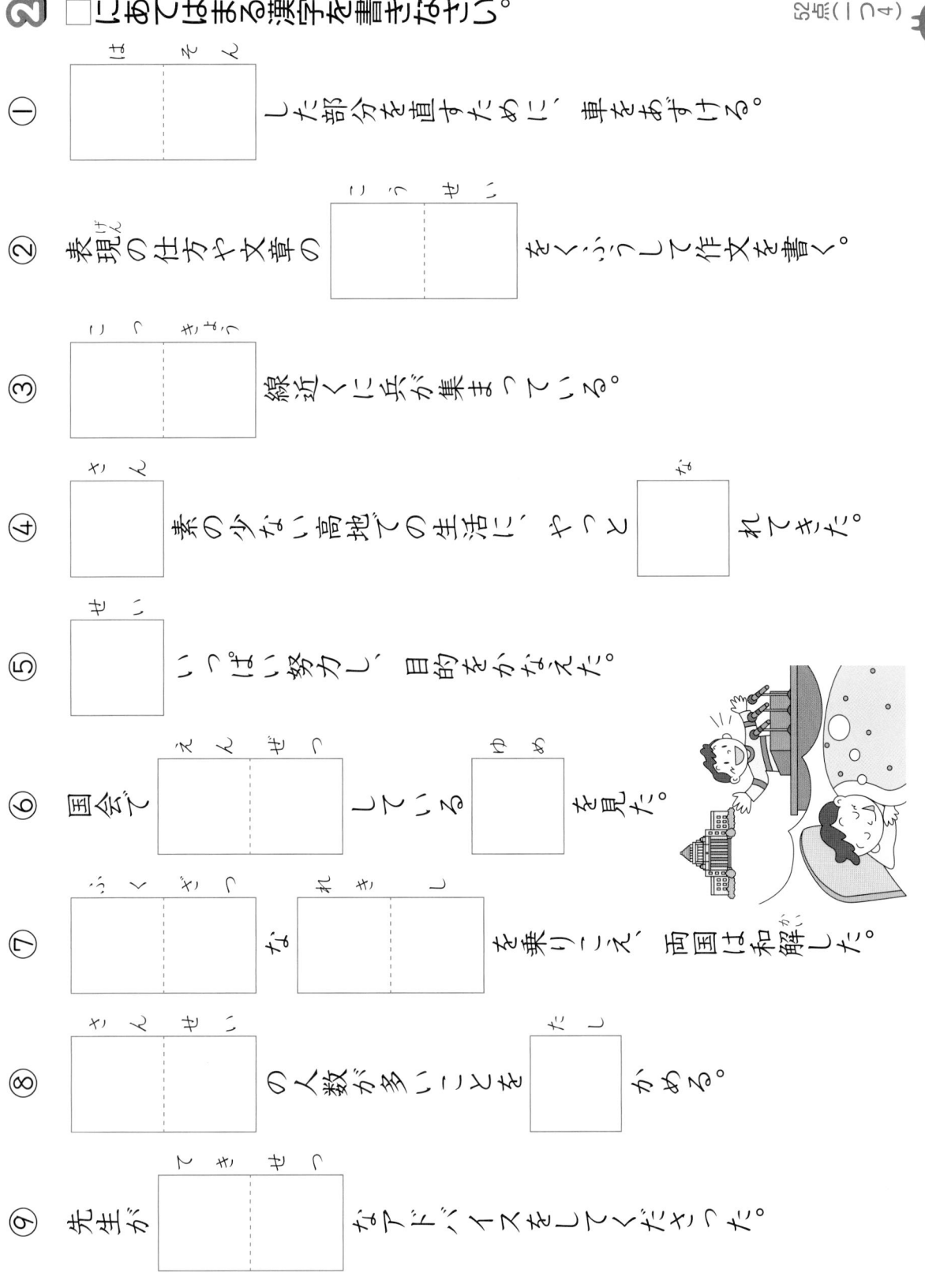

⑧ □□（さんせい）の人数が多いことを□（たし）かめる。

⑨ 先生が□□（てきせつ）なアドバイスをしてくださった。

きほんのドリル 46

15画・16画
質・潔・暴・編・導・興

名前　　月　日　目標時間 15分　合格80点　/100点

書いて覚えよう！

質（15画）
おん：シツ（シチ）（チ）
言葉：質問（しつもん）　性質（せいしつ）　質（しつ）のよい紙（かみ）
部首：貝（かい／こがい）
とめる

潔（15画）
おん：ケツ
くん：（いさぎよい）
言葉：清潔（せいけつ）　不潔（ふけつ）　潔白（けっぱく）
部首：氵（さんずい）
はねる

暴（15画）
おん：ボウ（バク）
くん：（あばく）　あばれる
言葉：暴力（ぼうりょく）　暴言（ぼうげん）　暴風（ぼうふう）　馬（うま）が暴（あば）れる
部首：日（ひ）
はねる

編（15画）
おん：ヘン
くん：あむ
言葉：編集（へんしゅう）　編成（へんせい）　編曲（へんきょく）　毛糸（けいと）で編（あ）む
部首：糸（いとへん）
「用」ではない

導（15画）
おん：ドウ
くん：みちびく
言葉：指導（しどう）　導入（どうにゅう）　群（む）れを導（みちび）く
部首：寸（すん）
はねる

興（16画）
おん：コウ　キョウ
くん：（おこる）（おこす）
言葉：興行（こうぎょう）　興業（こうぎょう）　復興（ふっこう）　興味（きょうみ）
部首：臼（うす）
出る

1 読みがなを書いてから、なぞりなさい。 36点（一つ6）

① 質問（　　）
② 清潔（　　）
③ 暴れる（　　）
④ 編む（　　）
⑤ 導く（　　）
⑥ 興行（　　）

2 □にあてはまる漢字を書きなさい。

① 学級会で□□（しつもん）ぜめにあってしまった。

② ガソリンは引火しやすい性(せい)□（しつ）をもっている。☞p.25

③ 身なりを□□（せいけつ）に保(たも)ちなさい。☞p.35

④ 馬が□（あば）れる。

⑤ □□（ぼうふう）でかさが飛ばされた。

⑥ 卒業文集の□□（へんしゅう）を手伝う。

⑦ コーチの□□（しどう）がよかったのか、急に力がついた。

⑧ 調査(さ)の結果、□□（きょうみ）深いことがわかった。☞p.33

⑧「きょう」の「亻」は三画で書くけど、「亅」は一画で書くよ。

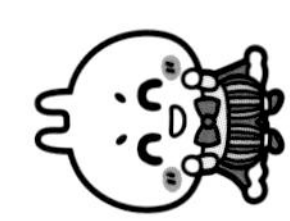

⑥の「へん」は右下の部分に注意しましょう。「用」ではなく、「甬」です。

47 きほんのドリル

16画・17画
輸・衛・築・燃・謝・績

名前

月　日

目標時間 15分

合格80点　/100点

書いて覚えよう！

輸（16画）
とめる
おん：ユ
言葉：輸入額（ゆにゅうがく）　輸出（ゆしゅつ）　輸送（ゆそう）
部首：車（くるまへん）

衛（16画）
「五」にしない
おん：エイ
言葉：人工衛星（じんこうえいせい）　衛生（えいせい）　自衛（じえい）　守衛（しゅえい）
部首：行（ぎょうがまえ・ゆきがまえ）

築（16画）
上にはねる
おん：チク
くん：きずく
言葉：建築物（けんちくぶつ）　新築（しんちく）　よい関係（かんけい）を築（きず）く
部首：⺮（たけかんむり）

燃（16画）
「心」にしない
おん：ネン
くん：もえる　もやす　もす
言葉：燃料（ねんりょう）　燃費（ねんぴ）　火（ひ）を燃（も）やす
部首：火（ひへん）

謝（17画）
はねる
おん：シャ
くん：（あやまる）
言葉：感謝（かんしゃ）　謝礼（しゃれい）　月謝（げっしゃ）
部首：言（ごんべん）

績（17画）
とめる
おん：セキ
言葉：成績（せいせき）　功績（こうせき）　業績（ぎょうせき）
部首：糸（いとへん）

1 読みがなを書いてから、なぞりなさい。
36点（一つ6）

① 輸入（　　）
② 衛星（　　）
③ 築く（　　）
④ 燃える（　　）
⑤ 感謝（　　）
⑥ 成績（　　）

64点（一つ8）

2 □にあてはまる漢字を書きなさい。

① 小麦は、アメリカからの□□（ゆにゅう）にたよっている。

② □□□□（じんこうえいせい）を打ち上げる。

③ 財産（ざいさん）を□（き）ずき上げる。 ☞p.41

④ 新居（きょ）の□□（けんちく）のため、設計（せっけい）をデザイナーにたのむ。 ☞p.25 ☞p.57

⑤ まきがだんろで赤々と□（も）えている。

⑥ 車の□□（ねんりょう）を入れにガソリンスタンドに行く。

⑦ 自然のめぐみに□□（かんしゃ）する。

⑧ 試験の□□（せいせき）を発表する。

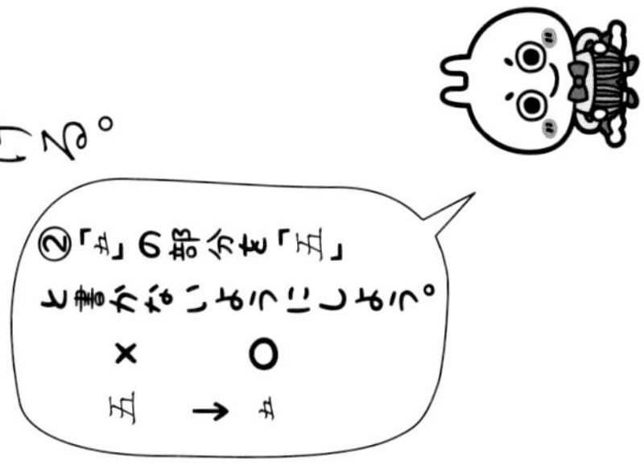
②「𡈽」の部分を「五」と書かないようにしよう。
×　五
○　𡈽

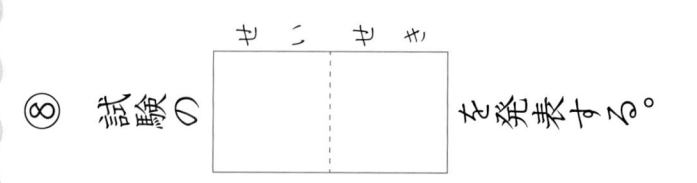

⑧「せいせき」の「せき」は「責・積」ではありません。同じ音の漢字ですが、区別して使いましょう。

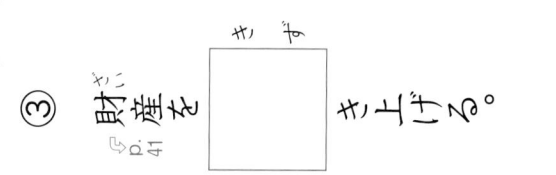

48 きほんのドリル

17画・18画・19画・20画

講・額・織・職・識・護

名前	月 日	目標時間 15分
合格80点	/100点	

書いて覚えよう！

講（17画）　出る
- おん：コウ
- 言葉：講堂（こうどう）　講演（こうえん）　講義（こうぎ）　講習会（こうしゅうかい）
- 部首：言（ごんべん）

額（18画）　とめる
- おん：ガク
- くん：ひたい
- 言葉：金額（きんがく）　総額（そうがく）　額（ひたい）を寄（よ）せる
- 部首：頁（おおがい）

織（18画）　上にはねる
- おん：シキ（ショク）
- くん：おる
- 言葉：組織（そしき）　布（ぬの）を織（お）る
- 部首：糸（いとへん）

職（18画）　出ない
- おん：ショク
- 言葉：職業（しょくぎょう）　職人（しょくにん）　職員（しょくいん）
- 部首：耳（みみへん）

識（19画）　上にはねる
- おん：シキ
- 言葉：意識（いしき）　常識（じょうしき）　知識（ちしき）
- 部首：言（ごんべん）

護（20画）　「夂」ではない
- おん：ゴ
- 言葉：保護（ほご）　弁護（べんご）　護送（ごそう）　護身（ごしん）
- 部首：言（ごんべん）

1 読みがなを書いてから、なぞりなさい。

36点（一つ6）

① 講堂（　　）

② ねこの額（　　）

③ 織（　　）る

④ 職業（　　）

⑤ 意識（　　）

⑥ 保護（　　）

2 □にあてはまる漢字を書きなさい。

64点（一つ8）

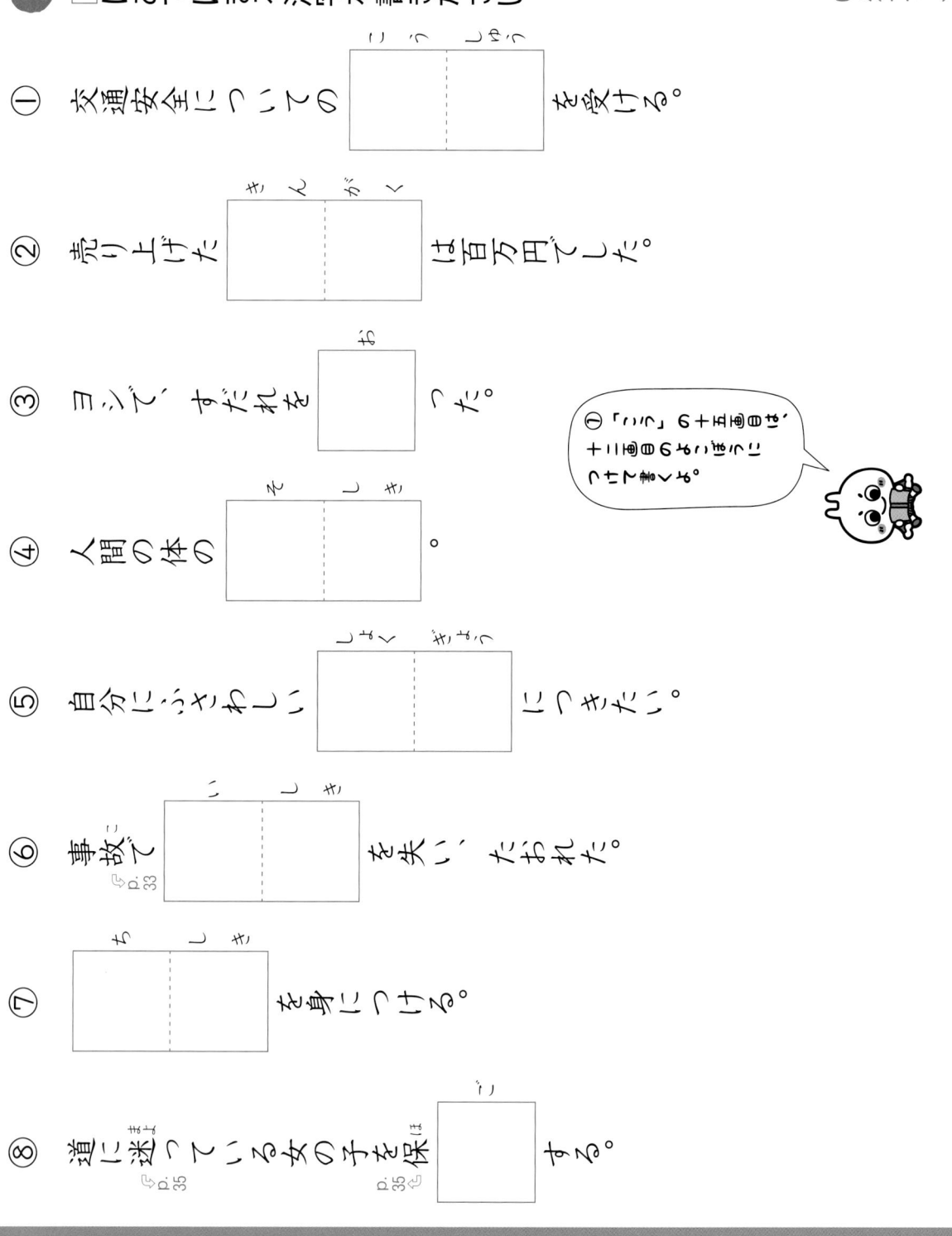

① 交通安全についての□□（こうしゅう）を受ける。

② 売り上げた□□（きんがく）は百万円でした。

③ ヨシで、すだれを□（お）った。

④ 人間の体の□□（そしき）。

⑤ 自分にふさわしい□□（しょくぎょう）につきたい。

⑥ 事故（こ）で□□（いしき）を失い、たおれた。 ☞p.33

⑦ □□（ちしき）を身につける。

⑧ 道に迷（まよ）っている女の子を保（ほ）□（ご）する。 ☞p.35

①「こう」の十五画目は、十二画目のよこぼうにつけて書くよ。

③・④／⑤／⑥・⑦は、形の似（に）た漢字を使います。「糸」「耳」「言」の部分に注意して正しく使い分けましょう。

49 まとめのテスト8

名前　　月　日

目標時間20分　合格80点　/100点

1 ――の漢字の読みがなを書きなさい。

48点（一つ4）

① 山の上に城を築く。（　　）

② セーターを編む。（　　）

③ 燃料（　　）の質（　　）が悪い。

④ 組織（　　）全体に共有する。

⑤ 編集（　　）会議の席に、出席者を導く。（　　）

⑥ 野菜をトラックで輸送（　　）する。

⑦ そうじのいきとどいた清潔（　　）な講堂（　　）に入る。

⑧ 暴（　　）れ馬を取りおさえた。

⑨ ねこの額（　　）のように、せまい庭。

2 □にあてはまる漢字を書きなさい。

① のら ねこを保（ほ）□（ご）する。

② 国語の□（せいせき）が上がる。

③ 人工□（えいせい）を打ち上げる。

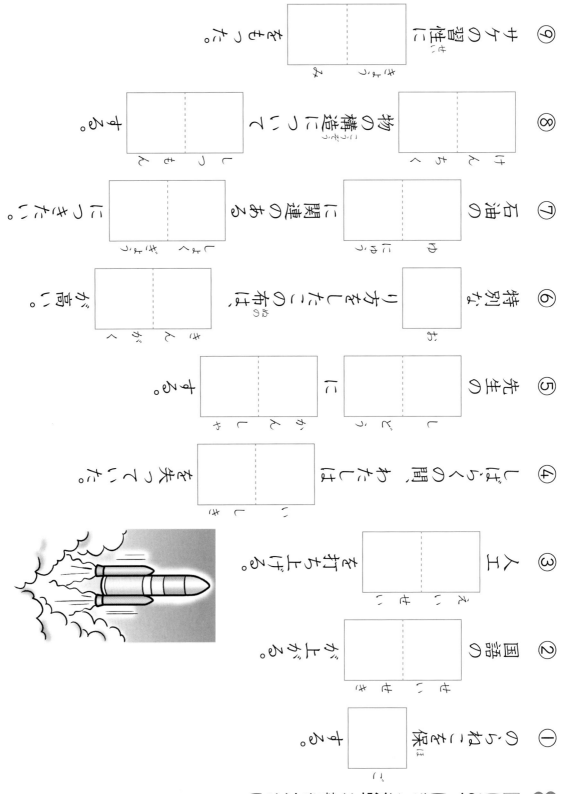

④ しばらくの間、わたしは□（いしき）を失っていた。

⑤ 先生の□（しどう）に□（かんしゃ）する。

⑥ 特別な□（お）り方をしたこの布（ぬの）は、□（きんがく）が高い。

⑦ 石油の□（ゆにゅう）に関連のある□（しょくぎょう）につきたい。

⑧ □（けんちく）物の構造（こうぞう）について□（しつもん）する。

⑨ サケの習性（せい）に□（きょうみ）をもった。

50 仕上げのテスト1

名前
月　日
目標時間 15分
合格80点
/100点

1 次の――線の漢字の読みがなを書きなさい。 30点（一つ3）

① 布を織る。（　　）
　 組織に入る。（　　）

② 子どもを導く。（　　）
　 機械を導入する。（　　）

③ 水かさが増す。（　　）
　 人数が増える。（　　）
　 中味が増量する。（　　）

④ 易しい問題だ。（　　）
　 貿易をする。（　　）
　 容易にわかる。（　　）

2 次の上と下のじゅく語は同じ読み方をします。□の中に入る漢字を書きなさい。 16点（一つ4）

① 正確――□格がいい。
② 医師――意□が強い。
③ 改正――天気は□晴。
④ 開放――どれい□放。

①□　②□　③□　④□

3 次の言葉を漢字と送りがなで書きなさい。 12点（一つ2）

① こころよい　② ふせぐ　③ まねく
④ もうける　⑤ ひきいる　⑥ きずく

①（　　）　②（　　）　③（　　）
④（　　）　⑤（　　）　⑥（　　）

4 次の各組の漢字の音読みで、一つだけちがう読み方の漢字があります。その漢字を◯で囲みなさい。 12点（一つ3）

① 可　仮　貨　過　絵　価

② 効　耕　混　構　鉱　講

③ 制　証　勢　精　製　政

④ 飛　比　費　非　肥　備

5 あとの[　]の漢字を組み合わせて二字のじゅく語を作りなさい。ただし、同じ字を二回使ってはいけません。 18点（一つ3）

①（　　）　②（　　）　③（　　）

④（　　）　⑤（　　）　⑥（　　）

争　副　録　競　象　改　記　題　業　行　課　印

6 次の漢字の←で示した画（かく）は、筆順では何画目に書きますか。□に、その順番を算用数字で書きなさい。 12点（一つ3）

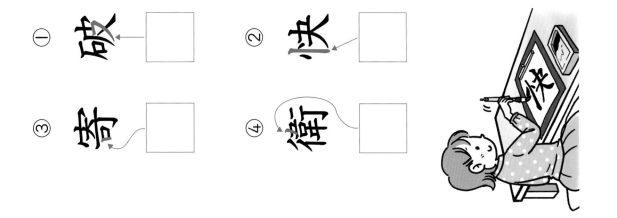

① 破 □　② 快 □

③ 寄 □　④ 衛 □

51 仕上げのテスト2

名前　月　日　目標時間15分　合格80点　/100点

1 次の言葉の読みがなを（　）に書きなさい。また、反対語（対義語）を下の［　］の漢字を組み合わせて作り、〔　〕に書きなさい。

20点（一つ2）

（例）往路（おうろ）・〔復路〕

① 失敗（　　　）・〔　　　〕

② 利益（　　　）・〔　　　〕

③ 過去（　　　）・〔　　　〕

④ 賛成（　　　）・〔　　　〕

⑤ 改良（　　　）・〔　　　〕

（復）損　未　功　対　成
（路）悪　来　改　失　反

2 □に漢字を書きこみ、三字、四字のじゅく語を完成させなさい。

20点（一つ2）

① □災□練

② 消□期□

③ 木□建□

④ 国□□流

⑤ □風雨

⑥ □用句

3 次の□に、「不・無・未・非」のうちの一つを書きこみ、反対の意味を表すじゅく語にしなさい。

18点（一つ3）

① □常識
② □開発
③ □常口
④ □満足
⑤ □公式
⑥ □理解

4 同じ訓読みをもつ漢字を、それぞれ□に書きこみなさい。

36点（一つ4）

① おさめる
㋐ 学問を□める。
㋑ 国を□める。

② きく
㋐ 薬が□く。
㋑ 説明を□く。

③ あつい
㋐ □い夏。
㋑ □いおふろの湯。
㋒ □い本を読み終えた。

④ とく
㋐ クイズを□く。
㋑ 教えを□く。

5 次の漢字の総画数を算用数字で書きなさい。

6点（一つ3）

① 適（　　）画
② 潔（　　）画

52 仕上げのテスト3

名前　　月　日　目標時間 15分　合格80点　/100点

1 それぞれ二字のじゅく語を完成させなさい。　32点（一つ2）

① けん□ さ査　　けん□ あく悪　　たい体 けん□

② こう□ せい成　　こう□ どう堂

③ そ組 しき□　　い意 しき□　　しょく□ ぎょう業

④ おう往 ふく□　　ふく□ ざつ雑

⑤ せき□ にん任　　たい体 せき□　　せい成 せき□

⑥ き規 そく□　　かん観 そく□　　そく□ めん面

2 次の漢字の部首と総画数を、例にならって書きなさい。　9点（一つ1）

（例）任（亻・にんべん）〔6〕

① 統（　・　）〔　〕　② 祖（　・　）〔　〕

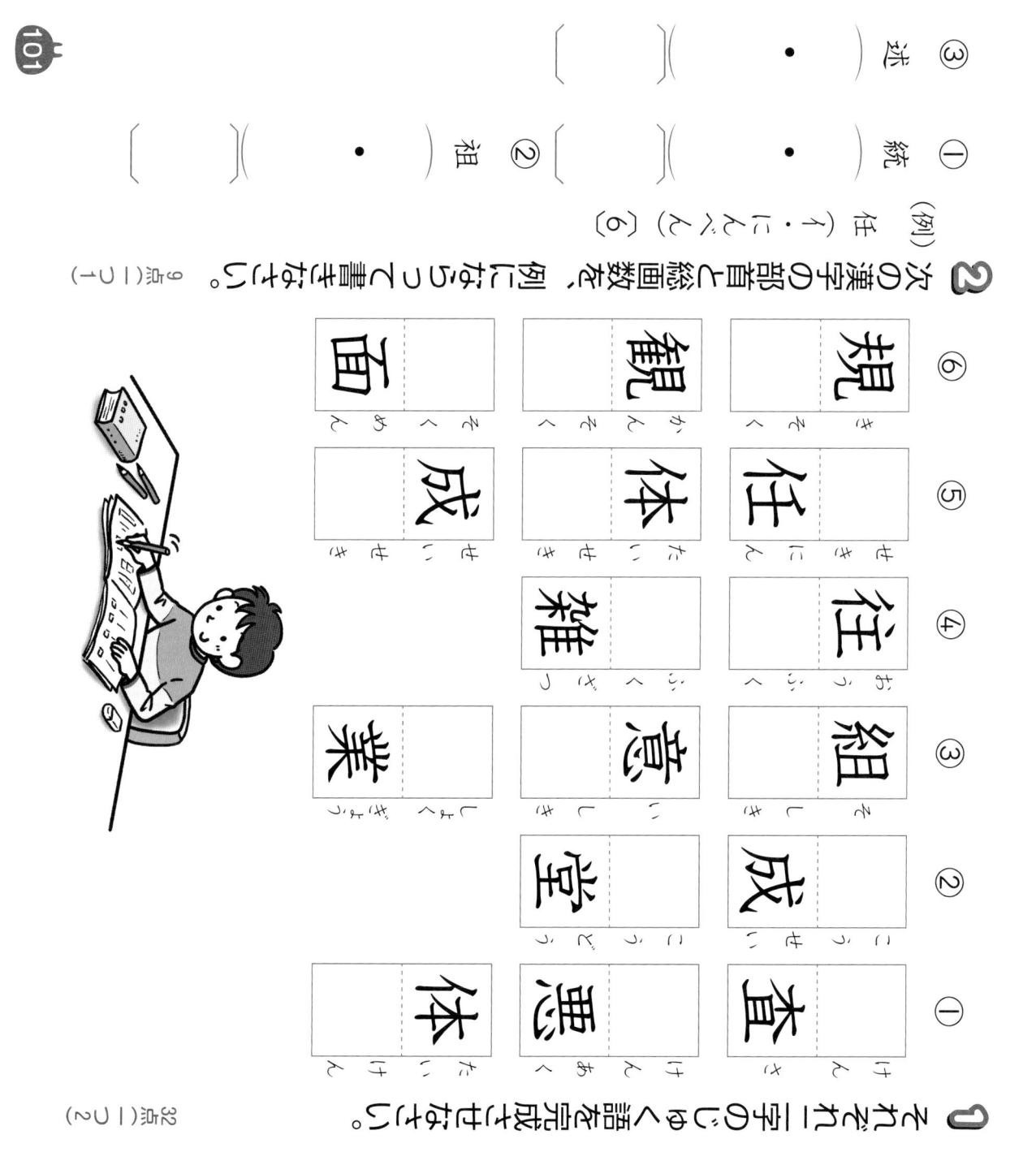

③ 述（　・　）〔　〕

3 次のじゅく語の組み立ては、あとのア〜オのどれにあたりますか。ア〜オの記号で答えなさい。

24点（一つ4）

① 省略（　　）　② 益鳥（　　）　③ 転居（　　）

④ 救命（　　）　⑤ 増減（　　）　⑥ 非常（　　）

ア　同じような意味の漢字を重ねたもの。……岩石

イ　反対の意味を表す漢字を重ねたもの。……前後

ウ　上の字が下の字の様子や状態を説明しているもの。……深海

エ　上の字が下の字を打ち消しているもの。……不幸

オ　上の字が動作を、下の字は目的を表すもの。（「―に」「―を」の部分が下にくるもの。）……着席・開会

4 次の――線の漢字の読みがなを書きなさい。

20点（一つ2）

① 暴力反対。（　　）／馬が暴れる。（　　）

② 責任をもつ。（　　）／人に任せる。（　　）

③ 意志が強い。（　　）／医者を志す。（　　）／志の高い人。（　　）

④ 混戦になる。（　　）／ごみが混ざる。（　　）／電車が混む。（　　）

5 次の言葉を漢字と送りがなで書きなさい。

15点（一つ3）

① まよう　② たがやす　③ もやす　④ けわしい　⑤ ことわる

①（　　）　②（　　）

③（　　）　④（　　）　⑤（　　）

53 仕上げのテスト4

名前 月 日

目標時間 15分 合格80点 /100点

1 次の各文には、まちがっている漢字が、音訓それぞれ一つずつあります。例にならい、順番にぬき出し、→のあとに正しい漢字を書きなさい。 24点(一つ4)

(例) 分熱い本がよく売れ、判を重ねています。

(熱→厚)(判→版)

① 新しいデザインで新しい形のテレビを発売します。会議室で、その内容について構習しますので集合してください。

(→)(→)

② この雑しは月間で発行されます。毎月、表紙のデザインを代えたいと思います。

(→)(→)

③ ニホンオオカミはほろびました。二度と人の前にすがたを表すことはないでしょう。いつごろほろんだのかも正格にはわかっていません。

(→)(→)

2 次の(　)の中に、上(または下)の漢字と反対の意味や対応する意味をもつ漢字を一字入れて、二字のじゅく語を作りなさい。 24点(一つ4)

① 往(　)　② 因(　)　③ 夫(　)

④ 新(　)　⑤ (　)敗　⑥ 損(　)

3 ——線の部分を漢字に直すには、あとのどの漢字が適当ですか。正しい漢字を選び、（　）に書きなさい。 20点(一つ5)

① 自動車の部品を製ぞうする。
（像・象・造・増・雑）（　　）

② 形せいが悪くなり、負けた。
（制・性・政・勢・精・製）（　　）

③ 図書室で地球温だん化についてのし料をさがした。
（指・紙・司・試・支・資）（　　）

④ じょう件が悪かったので、しゅう職を見送った。
（場・乗・条・状・常・情）（　　）

4 次の音読みと訓読みをもつ漢字を□に書きなさい。また、（　）には、その漢字を使った二字のじゅく語を一つ書きなさい。 24点(一つ3)

① ギャク・さか・さからう　② ビ・そなえる・そなわる
③ ザイ・ある　④ ゲン・かぎる

① □（　　）　② □（　　）
③ □（　　）　④ □（　　）

5 次の漢字の▒の部分には共通の部首が入ります。その部首を□に書き、（　）にはその部首名を書きなさい。 8点(一つ2)

① ▒公・▒才・▒妥・▒支　② ▒食・▒祭・▒家・▒完

① □（　　）　② □（　　）

答え

5年の漢字

1 きほんのドリル　P.2

1 ①しがい　②とうひょう　③ぶきよう　④きろく　⑤りょうり　⑥ひょうさつ　⑦こころ　⑧さ　⑨あらた

2 ①民話　②司会　③位　④変　⑤区別　⑥焼　⑦成功　⑧治

2 きほんのドリル　P.3

1 ①きゅうとう　②はぶ　③けしき　④かしん　⑤たいぼう　⑥しぜん　⑦じち　⑧お　⑨あさ

2 ①機械　②必　③右折　④信号　⑤目的　⑥固定　⑦果　⑧失

3 きほんのドリル　P.4

1 ①きしゅ　②まい　③すばこ　④やくそく　⑤えいご　⑥はか　⑦じてん　⑧ふきん　⑨きょしゅ

2 ①栄　②血管　③願望　④養分　⑤加熱　⑥戦　⑦建　⑧順番

4 きほんのドリル　P.5～6

1 ①ひさ　②ぶし　③ささ　④くら　⑤ほとけさま

2 ①久　②久　③力士　④支　⑤支配　⑥比　⑦対比　⑧仏様

5 きほんのドリル　P.7～8

1 ①にほんし　②すいあつ　③ぬの　④なが　⑤かけつ

2 ①史実　②圧力　③圧勝　④布　⑤分布　⑥永　⑦永　⑧可

6 きほんのドリル　P.9～10

1 ①きゅうゆう　②しめ　③ちょうかん　④くてん　⑤はんにん

2 ①旧道　②示　③指示　④朝刊　⑤句点　⑥用句　⑦犯人　⑧犯

7 きほんのドリル　P.11～12

1 ①べんとう　②げんいん　③かり　④ようけん　⑤ふたた

2 ①弁当　②弁　③原因　④仮　⑤仮説　⑥用件　⑦再　⑧再来週

8 きほんのドリル　P.13～14

1 ①けんざい　②だんたい　③まか　④かこ　⑤こくはく

2 ①在　②在　③団体行動　④任　⑤任　⑥周囲　⑦告　⑧告白

9 まとめのテスト1　P.15～16

1 ①ちょうかん　②りきし　③まか　④かせつ・ふたた　⑤にん　⑥しじ　⑦かり・えいえん　⑧きゅうどう　⑨はん・さらいしゅう

おうちの方へ

⑨「さいらいしゅう」と読まないように注意しましょう。

2 ①支　②対比　③事件・原因　④囲　⑤久・弁当　⑥団体・大仏　⑦水圧　⑧告白　⑨在・支配

おうちの方へ

文脈から判断して、適切な漢字を書けるようにしましょう。

10 きほんのドリル P.17～18

❶ ①おう ②こころよ ③きょうぎ ④へいきん ⑤さいがい

❷ ①応 ②快 ③快晴 ④技 ⑤競技 ⑥平均 ⑦均等 ⑧災害

11 きほんのドリル P.19～20

❶ ①こころざ ②に ③じゅんじょ ④じょうぶん ⑤ねんがじょう

❷ ①志 ②志 ③意志 ④似 ⑤似顔絵 ⑥順序 ⑦条 ⑧状

12 きほんのドリル P.21～22

❶ ①はんてい ②ふせ ③あま ④どくけ ⑤やさ

❷ ①判 ②判 ③防 ④防 ⑤余計 ⑥食中毒 ⑦易 ⑧易

13 きほんのドリル P.23～24

❶ ①おうろ ②ていか ③さいし ④かこう ⑤き

❷ ①往 ②価 ③妻 ④夫妻 ⑤大河 ⑥河口 ⑦効 ⑧効果

14 きほんのドリル P.25～26

❶ ①えだ ②せいきゅう ③いま ④の ⑤まね

❷ ①枝 ②性 ③居間 ④転居 ⑤述 ⑥述語 ⑦招 ⑧招待

15 まとめのテスト2 P.27～28

❶ ①じゅつご ②こころよ ③こころざ ④つま・いま ⑤えき ⑥どく ⑦じゅんじょ・にがおえ ⑧へいきん・の ⑨かわ

おうちの方へ
②③は読みを書きまちがえやすい漢字です。気をつけましょう。

❷ ①意志 ②快晴 ③状・余 ④条・応 ⑤易・判 ⑥効 ⑦往 ⑧災害・招 ⑨枝

おうちの方へ
①「医師」や⑥「聞く」など、同音異義語・同訓異字に注意しましょう。

16 きほんのドリル P.29～30

❶ ①こうしゃ ②せんせいてん ③しゅっぱん ④こ ⑤ひこうしき

❷ ①校舎 ②先制点 ③制 ④版画 ⑤出版社 ⑥肥 ⑦肥料 ⑧非

17 きほんのドリル P.31～32

❶ ①ぶどう ②きげん ③てんけいてき ④さかだ ⑤かぎ

❷ ①武士 ②武者 ③世紀 ④型紙 ⑤逆立 ⑥逆転 ⑦限 ⑧期限

18 きほんのドリル P.33～34

❶ ①じこ ②あつ ③ちょうさ ④せいじ ⑤ひと

❷ ①事故 ②厚 ③厚紙 ④調査 ⑤政治家 ⑥政府 ⑦独 ⑧独立

19 きほんのドリル P.35～36

❶ ①げんそく ②まよ ③たも ④そぼ ⑤こうかい

❷ ①則 ②反則 ③迷 ④保 ⑤保 ⑥祖母 ⑦先祖 ⑧航空便

20 きほんのドリル P.37～38

❶ ①さつい ②ふんまつ ③じんみゃく ④りえき ⑤かくべつ

❷ ①殺 ②小麦粉 ③粉薬 ④山脈 ⑤利益 ⑥益鳥 ⑦格好 ⑧体格

21 まとめのテスト3 P.39～40

❶ ①こうかい・きこうぶん ②こうしゃ・ちょうさ ③こ ④せいじか ⑤ひと ⑥かぎ・はんが ⑦そく ⑧りえき ⑨せいげん

おうちの方へ
⑤「独り言」は「一人言」とは書かないので注意しましょう。

❷ ①祖先・武士 ②制約・限界 ③厚・粉 ④体格 ⑤山脈・迷 ⑥非 ⑦保 ⑧逆 ⑨事故

おうちの方へ
⑤「脈」は形を整えにくい字です。正確（せいかく）に書けるようになりましょう。

22 きほんのドリル P.41〜42

1 ①さくら ②いっこ ③たがや ④ざいさん ⑤きょうし

2 ①桜 ②一個 ③個 ④耕 ⑤耕地 ⑥財産 ⑦教師 ⑧師事

23 きほんのドリル P.43〜44

1 ①おさ ②たんそ ③つく ④ほんのう ⑤やぶ

2 ①修 ②修正 ③炭素 ④造 ⑤造船国 ⑥本能 ⑦破 ⑧破

24 きほんのドリル P.45〜46

1 ①ないよう ②と ③すく ④ていでん ⑤しょくどう

2 ①内容 ②留 ③留学生 ④救助 ⑤救 ⑥停車 ⑦停電 ⑧堂

25 きほんのドリル P.47〜48

1 ①え ②うつ ③きほん ④ゆる ⑤けつえき

2 ①得意 ②得 ③移 ④移動 ⑤基 ⑥許 ⑦許 ⑧血液

26 きほんのドリル P.49〜50

1 ①がんか ②ちかよ ③きそく ④あらわ ⑤へ

2 ①眼科 ②近寄 ③寄付 ④規 ⑤現 ⑥現 ⑦経 ⑧経験

27 まとめのテスト4 P.51〜52

1 ①たがや ②と ③き・やぶ・ゆる ④ぞうせんじょ ⑤ぶんかざい ⑥こじん・こうち ⑦たんそ ⑧ていしゃ ⑨さいのう

おうちの方へ
②「留（と）める」は、「あるものを固定する」という意味です。

2 ①得 ②移 ③経験 ④桜・現 ⑤規・寄 ⑥血液 ⑦眼科・美容 ⑧基本・内容 ⑨許

おうちの方へ
②「移る」は同訓異字（いじ）が多いので、意味を考えて答えましょう。

28 きほんのドリル P.53〜54

1 ①つね ②けわ ③ま ④は ⑤ちょくせつ

2 ①常日 ②険 ③険 ④混 ⑤混 ⑥張 ⑦主張 ⑧直接

29 きほんのドリル P.55〜56

1 ①ことわ ②なさ ③せ ④ふじん ⑤と

2 ①断 ②情 ③情景 ④責 ⑤責 ⑥婦人服 ⑦採 ⑧採集

30 きほんのドリル P.57〜58

1 ①じゅぎょう ②ぎじゅつ ③もう ④まず ⑤つと

2 ①授業 ②術 ③設 ④建設 ⑤貧 ⑥貧 ⑦務 ⑧事務

31 きほんのドリル P.59〜60

1 ①ひき ②しょうりゃく ③よろこ ④げんしょう ⑤ちょきん

2 ①率 ②率 ③省略 ④喜 ⑤気象台 ⑥象 ⑦貯金 ⑧貯水池

32 きほんのドリル P.61〜62

1 ①ひょう ②いとな ③けんさ ④た ⑤はか

2 ①費用 ②営 ③営業 ④検 ⑤絶 ⑥絶 ⑦絶対 ⑧観測

33 まとめのテスト5 P.63〜64

1 ①さいしゅう ②じゅぎょう ③なさ ④ひき ⑤つね・じょうけい ⑥えいぎょう・つと ⑦ちょくせつ ⑧ふじん ⑨まず・ちょきん

おうちの方へ
⑥「務（つと）める」の同訓異字に「努める」があります。意味を調べて区別しましょう。

2 ①営 ②建設 ③美術館・喜 ④省略 ⑤検査・判断 ⑥象・測 ⑦険・張 ⑧絶 ⑨責任

おうちの方へ
⑥「測(はか)る」も「計る」「量る」といった同訓異字(いじ)があります。注意しましょう。

34 きほんのドリル P.65～66

1 ①か ②しょぞく ③へ ④しょうめい ⑤ていしゅつ

2 ①貸 ②所属 ③付属 ④減 ⑤減少 ⑥証明 ⑦提出 ⑧提案

35 きほんのドリル P.67～68

1 ①でんとう ②す ③しょうひぜい ④かてい ⑤そな

2 ①伝統行事 ②過 ③過 ④過去 ⑤税 ⑥過程 ⑦備 ⑧備

36 きほんのドリル P.69～70

1 ①ひょうか ②おうふく ③ほうこく ④ぼうえき ⑤きんし

2 ①評 ②評 ③復 ④報 ⑤報 ⑥貿 ⑦遊泳禁止 ⑧禁

37 きほんのドリル P.71～72

1 ①き・みき ②はんざい ③しりょう ④きじゅん ⑤いぎ

2 ①幹 ②新幹線 ③罪 ④無罪 ⑤資料 ⑥準 ⑦意義 ⑧義理

38 きほんのドリル P.73～74

1 ①か ②いきお ③と ④こうせき ⑤はか

2 ①飼 ②飼育 ③勢 ④形勢 ⑤解 ⑥解決 ⑦鉱物 ⑧墓

39 まとめのテスト6 P.75～76

1 ①いぎ ②みき ③そな ④ざいにん ⑤ぼう・かいふく ⑥けいせい・ていあん ⑦ぜいきん ⑧こうざん・きんぞく ⑨しいく

おうちの方へ
④は、ここでは音読みで答えましょう。

2 ①禁止 ②資料 ③日程・減少 ④統一 ⑤所属・報告 ⑥貸・証明 ⑦墓 ⑧提出・評価 ⑨解決

おうちの方へ
③「減」は最後の「丶」を忘(わす)れないようにしましょう。

40 きほんのドリル P.77～78

1 ①そんがい ②ゆた ③ゆめ ④けいれき ⑤しゅつえん

2 ①損 ②豊 ③豊作 ④夢 ⑤夢中 ⑥歴 ⑦演 ⑧演説

41 きほんのドリル P.79～80

1 ①かま ②な ③きょうかい ④さんせい ⑤せいしん

2 ①構 ②構成 ③慣 ④慣用 ⑤境 ⑥国境 ⑦酸 ⑧精神

42 きほんのドリル P.81～82

1 ①せいぞう ②そうごう ③じっさい ④どうか ⑤りょうど

2 ①製 ②総合 ③国際交流 ④交際 ⑤銅 ⑥金銀銅 ⑦領土 ⑧領

43 きほんのドリル P.83～84

1 ①ざつだん ②げんぞう ③ま ④わた ⑤じったい

2 ①雑 ②雑木林 ③想像 ④増加 ⑤増 ⑥増 ⑦綿 ⑧態度

44 きほんのドリル P.85～86

1 ①てきせつ ②ふくざつ ③しょうきん ④たし ⑤さんせい

2 ①適切 ②適度 ③複 ④複合語 ⑤入賞 ⑥確 ⑦正確 ⑧賛成

45 まとめのテスト7 P.87～88

1 ①そうごう・てきかく ②りょうど・こくさい ③どうぞう ④ゆた・ぞうきばやし ⑤ふ ⑥じったい ⑦わた ⑧しゅうかん ⑨てき

おうちの方へ
④「ざつ」ではなく「ぞう」と読みます。

2 ①破損 ②構成 ③国境 ④酸・慣 ⑤精 ⑥演説・夢 ⑦複雑・歴史 ⑧賛成・確 ⑨適切

おうちの方へ
⑦「複」と「復」をまちがえないようにしましょう。

46 きほんのドリル P.89〜90

1 ①しつもん ②せいけつ ③あば ④あ ⑤みちび ⑥こうぎょう

2 ①質問 ②質 ③清潔 ④暴 ⑤暴風 ⑥編集 ⑦指導 ⑧興味

47 きほんのドリル P.91〜92

1 ①ゆにゅう ②えいせい ③きず ④も ⑤かんしゃ ⑥せいせき

2 ①輸入 ②人工衛星 ③築 ④建築 ⑤燃 ⑥燃料 ⑦感謝 ⑧成績

48 きほんのドリル P.93〜94

1 ①こうどう ②ひたい ③お ④しょくぎょう ⑤いしき ⑥ほご

2 ①講習 ②金額 ③織 ④組織 ⑤職業 ⑥意識 ⑦知識 ⑧護

おうちの方へ
「織」「職」「識」は形が似(に)ているので、まちがえないように区別して使いましょう。

49 まとめのテスト8 P.95〜96

1 ①きず ②あ ③ねんりょう・しつ ④そしき ⑤へんしゅう・みちび ⑥ゆそう ⑦せいけつ・こうどう ⑧あば ⑨ひたい

おうちの方へ
⑤「導(みちび)く」の送りがなは「く」です。「びく」としないように気をつけましょう。

2 ①護 ②成績 ③衛星 ④意識 ⑤指導・感謝 ⑥織・金額 ⑦輸入・職業 ⑧建築・質問 ⑨興味

おうちの方へ
③「衛星(えいせい)」と「衛生」をまちがえないようにしましょう。「衛生」は「身のまわりを清潔(せいけつ)に保(たも)って、病気などを防(ふせ)ぐこと」という意味です。

50 仕上げのテスト1

P.97〜98

1 ①お・しき ②みちび・どう ③ま・ふ・ぞう ④やさ・えき・い

おうちの方へ
音読みや訓読みが複数ある漢字は、熟語や送りがなから読みを判断しましょう。

2 ①性 ②志 ③快 ④解

おうちの方へ
同音異義語の問題です。言葉の意味を調べて、漢字と適切に結びつけられるようにしましょう。

3 ①快い ②防ぐ ③招く ④設ける ⑤率いる ⑥築く

おうちの方へ
送りがなをまちがえやすい漢字です。①「快い」⑤「率いる」は、特にまちがえやすいので、正しく覚えましょう。

4 ①絵 ②混 ③証 ④備

おうちの方へ
①の音読みは「カ」ですが、「絵」だけ「カイ」と読みます。②の音読みは「コウ」ですが、「混」だけ「コン」と読みます。③の音読みは「セイ」ですが、「証」だけ「ショウ」と読みます。④の音読みは「ヒ」ですが、「備」だけ「ビ」と読みます。

5 ①競争 ②副業 (副題) ③記録 ④印象 ⑤改行 ⑥課題 (課業) (順不同)

おうちの方へ
熟語ができた漢字を一つずつ消していくと、考えやすくなります。

6 ①9 ②3 ③8 ④4

おうちの方へ
折れや止めなどを省かずに、一画一画正確に書いて考えましょう。②「快」の「忄」は、縦棒から書かないように、注意しましょう。

51 仕上げのテスト2

P.99〜100

1 ①しっぱい・成功 ②りえき・損失 ③かこ・未来 ④さんせい・反対 ⑤かいりょう・改悪

おうちの方へ
対義語は、まず、それぞれの漢字の意味を考えましょう。そして、反対の意味を表す漢字を探して組み合わせて、熟語を作りましょう。

2 ①防・訓 ②費・限 ③造・築 ④際・交 ⑤暴 ⑥慣

おうちの方へ
四字熟語は、まず二字ずつに分けて考えてみてもよいでしょう。

3 ①非 ②未 ③非 ④不 ⑤非 ⑥無

おうちの方へ
「不・無・未・非」は、打ち消しの意味をもつ漢字ですが、字によって意味が少しずつちがいます。適切な字を組み合わせられるようにしましょう。

4 ①㋐修 ㋑治 ②㋐効 ㋑聞 ③㋐暑 ㋑熱 ㋒厚 ④㋐解 ㋑説

おうちの方へ
同訓異字の問題です。それぞれの漢字の意味を考えて、適切に使い分けられるようにしましょう。

5 ①14 ②15

おうちの方へ
折れや止めなどを省かずに、一画一画正確に書いて考えましょう。①「適」の「辶」は三画で書きます。

52 仕上げのテスト3　P.101〜102

1 ①検・険・験　②構・講　③織・識・職
④復・複　⑤責・積・績　⑥則・測・側

おうちの方へ
形の似た漢字は、熟語で覚えて、正しく使い分けられるようにしましょう。

2 ①糸・いとへん【12】　②ネ・しめすへん【9】　③辶・しんにょう（しんにゅう）【8】

おうちの方へ
部首は、名前だけでなく意味まで覚えておくと、漢字を正確に覚えるときに役立ちます。

3 ①ア　②ウ　③オ　④オ　⑤イ　⑥エ

おうちの方へ
熟語の組み立ては、それぞれの漢字の意味をもとにして考えましょう。②は「利益になる鳥」ということなので、「益」が「鳥」を説明していることになります。③は「居を転じる」、④は「命を救う」となり、上の字が動作を、下の字が目的を表しています。

4 ①ぼう・あば　②にん・まか　③し・こころざ・こころざし　④こん・ま・こ

おうちの方へ
音読みや訓読みが複数ある漢字は、熟語や送りがなから読みを判断しましょう。

5 ①迷う　②耕す　③燃やす　④険しい
⑤断る

おうちの方へ
送りがなをまちがえやすい漢字です。②「耕す」⑤「断る」は、特にまちがえやすいので、正しく覚えましょう。

53 仕上げのテスト4　P.103〜104

1 ①形→型・構→講　②間→刊・代→変
③表→現・格→確

おうちの方へ
同訓異字や同音異義語は、漢字の意味を考えて、適切に使い分けられるようにしましょう。

2 ①復（来）　②果　③妻（婦）　④旧（古）
⑤勝　⑥得（益）

おうちの方へ
それぞれの漢字の意味を考えて、反対の意味の漢字を考えましょう。①「往復」は「往」が「行く」、「復」が「帰る」という意味です。②「因果」は「原因」と「結果」と考えましょう。④「新旧」は「新しい」と「古い」という意味です。

3 ①造　②勢　③資　④条

おうちの方へ
文脈から――線をふくむ熟語の意味を考えて、適切な漢字を選びましょう。

4 ①逆・（例）逆転　②備・（例）準備　③在・（例）現在　④限・（例）限度

おうちの方へ
熟語には、（例）のほかに、次のようなものがあります。
①逆行・逆算・逆説　など
②整備・完備・備考　など
③在学・健在・所在　など
④期限・制限・限界　など

5 ①【木】・きへん　②【阝】・こざとへん

おうちの方へ
同じ部首の漢字は、まとめて覚えておくとよいでしょう。②「阝（こざとへん）」は、「都」「郡」などの部首「阝（おおざと）」とまちがえないようにしましょう。

読み方さくいん

✪五年生で習う漢字を、音読みの五十音順にならべています。
✪音読みがない漢字や、小学校で音読みを習わない漢字は、訓読みをのせています。

ア

圧 アツ……7
厚 あつ(い)……33
囲 イ……13
移 イ……47
因 イン……11
永 エイ……7
営 エイ……61
衛 エイ……91
易 エキ……21
益 エキ……37
液 エキ……47
枝 えだ……25
演 エン……77
応 オウ……17
往 オウ……23

カ

可 カ……7
仮 カ……11
価 カ……23
河 カ……23
過 カ……67
快 カイ……17
解 カイ……73
格 カク……37
確 カク……85
額 ガク……93
貸 か(す)……65
刊 カン……9
幹 カン……71
慣 カン……79
眼 ガン……49
紀 キ……31
基 キ……47
寄 キ……49
規 キ……49
喜 キ……59
技 ギ……17
義 ギ……71
逆 ギャク……31
久 キュウ……5
旧 キュウ……9
救 キュウ……45
居 キョ……25
許 キョ……47
境 キョウ……79
均 キン……17
禁 キン……69
句 ク……9
型 ケイ……31
経 ケイ……49
潔 ケツ……89
件 ケン……11
険 ケン……53
検 ケン……61
限 ゲン……31
現 ゲン……49
減 ゲン……65
故 コ……33
個 コ……41
護 ゴ……93
効 コウ……23
航 コウ……35
耕 コウ……41
鉱 コウ……73
構 コウ……79
興 コウ……89
講 コウ……93
告 コク……13
混 コン……53

サ

査 サ……33
再 サイ……11
災 サイ……17
妻 サイ……23
採 サイ……55
際 サイ……81
在 ザイ……13
財 ザイ……41
罪 ザイ……71
桜 さくら……41
殺 サツ……37
雑 ザツ……83
酸 サン……79
賛 サン……85
士 シ……5
支 シ……5
史 シ……7
志 シ……19
師 シ……41
資 シ……71
飼 シ……73
示 ジ……9
織 シキ……93
識 シキ……93
質 シツ……89
舎 シャ……29
謝 シャ……91
授 ジュ……57
修 シュウ……43
述 ジュツ……25
術 ジュツ……57
準 ジュン……71
序 ジョ……19
招 ショウ……25
象 ショウ……59
証 ショウ……65
賞 ショウ……85
条 ジョウ……19
状 ジョウ……19
常 ジョウ……53
情 ジョウ……55
職 ショク……93
性 セイ……25
制 セイ……29
政 セイ……33
勢 セイ……73
精 セイ……79
製 セイ……81
税 ゼイ……67
責 セキ……55
績 セキ……91
接 セツ……53
設 セツ……57
絶 ゼツ……61
祖 ソ……35
素 ソ……43
総 ソウ……81
造 ゾウ……43
像 ゾウ……83
増 ゾウ……83
則 ソク……35
測 ソク……61
属 ゾク……65
損 ソン……77

タ

態 タイ……83
団 ダン……13
断 ダン……55
築 チク……91
貯 チョ……59
張 チョウ……53
停 テイ……45
提 テイ……65
程 テイ……67
適 テキ……85
統 トウ……67
堂 ドウ……45
銅 ドウ……81
導 ドウ……89
得 トク……47
毒 ドク……21
独 ドク……33

ナ

似 に(る)……19
任 ニン……13
燃 ネン……91
能 ノウ……43

ハ

破 ハ……43
犯 ハン……9
判 ハン……21
版 ハン……29
比 ヒ……5
肥 ヒ……29
非 ヒ……29
費 ヒ……61
備 ビ……67
評 ヒョウ……69
貧 ビン……57
布 フ……7
婦 フ……55
武 ブ……31
復 フク……69
複 フク……85
仏 ブツ……5
粉 フン……37
編 ヘン……89
弁 ベン……11
保 ホ……35
墓 ボ……73
報 ホウ……69
豊 ホウ……77
防 ボウ……21
貿 ボウ……69
暴 ボウ……89

マ

迷 まよ(う)……35
脈 ミャク……37
務 ム……57
夢 ム……77
綿 メン……83

ヤ

輸 ユ……91
余 ヨ……21
容 ヨウ……45

ラ

率 リツ……59
略 リャク……59
留 リュウ……45
領 リョウ……81
歴 レキ……77